人類学者と言語学者が森に入って考えたこと

奥野克巳
伊藤雄馬

教育評論社

目次

対談❸

すり鉢状の世界を生きる私たちと、その外側 108

論考 伊藤雄馬

ムラブリとして生きるということ 142

対談❹

have not の感性にふれる

エピローグ

現代人の中にうずく「狩猟採集民的な何か」

イラストレーション　香山哲
ブックデザイン　成原亜美（成原デザイン事務所）

人類学者と言語学者が森に入って考えたこと

イントロダクション

なぜ人類学者と言語学者は森に入るのか

奥野克巳さんは人類学者、一方の伊藤雄馬さんは言語学者です。

なぜこの二人に本を書いていただくことになったのか。それはそれぞれ、ボルネオ島のプナン（図左）、タイ・ラオスのムラブリ（図右）という、森に住まう狩猟採集民を調査対象にしているという共通点からです。

今、経済や政治、そして生活に至るまで、当たり前と思ってきた常識が覆ってしまうということを実感している人は少なくないのではないでしょうか。言い換えると、生きていく上での明確な正解がなく、混迷の社会を生きていると言えるのかもしれません。

その中でプナンやムラブリの「森に住まう狩猟採集民の生き方」が、私たちに〝別の生の可能性〟を提示してくれるのではな

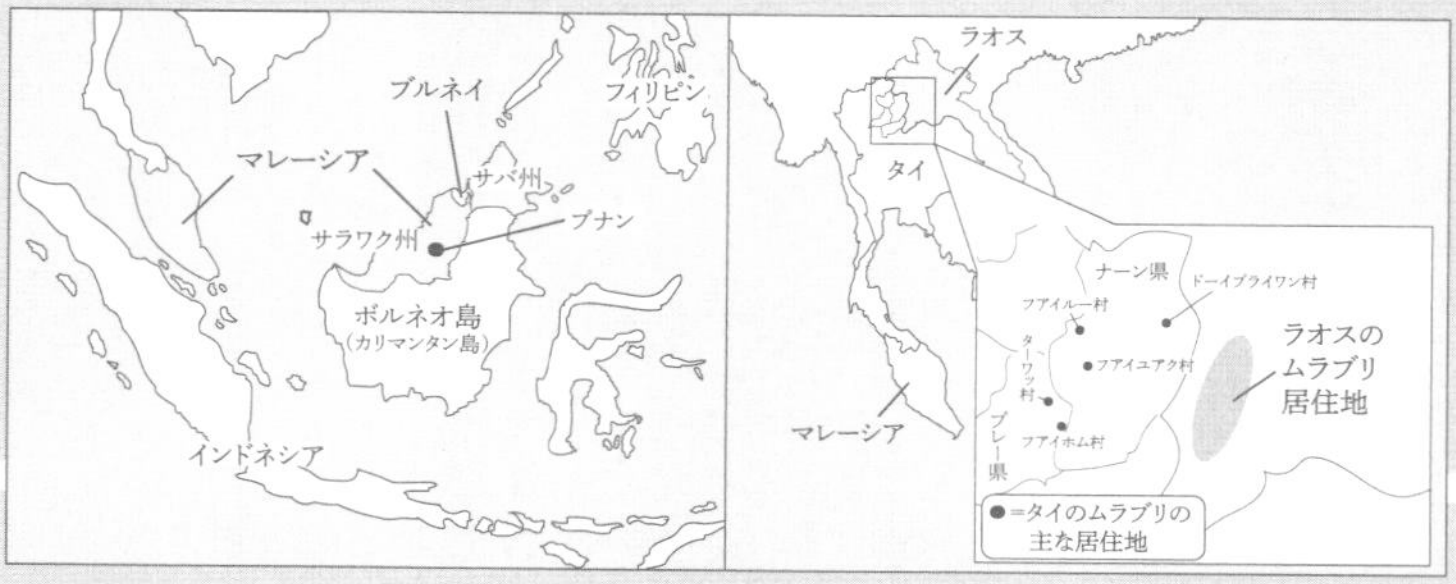

いかと考えました。

本書のもととなったのは、東京都世田谷区・下北沢の本屋B＆Bで行われたトークイベント「森の民に心を奪われることは、現代人にとって何を意味するか？」（2022年7月5日開催）です。共有主義や時制の話、そして他者を知り、ともに生きていくというテーマにまで駆け上がりました。対談❶と❷はその記録を整理したものです。

さらに「森の民が私たちに教えてくれることは何か」を主題に議論を重ねた内容を「すり鉢状の世界を生きる私たちと、その外側」「have not の感性にふれる」として収録しています。その間には、対談内容をつかみやすくするためにお二人の論考を置きました。読み進めていくうちに、森の民の生き方や考え方の輪郭がより明確になると思います。

現代をよりよく生きるための方法を〈人類学〉と〈言語学〉の双方の視点を交わらせた上で探っていきます。

プロローグ

森の民であり、日本人でもある

奥野克巳

2022年3月、金子遊監督の映画『森のムラブリ　インドシナ最後の狩猟民』（以下、『森のムラブリ』）が公開された。そこには、バナナの葉と竹でつくった小屋に住み、森の中で遊動生活をしてきた、タイとラオスに住むムラブリの末裔たちの現代における「生」が映し出されていた。金子さんは、撮影旅行の途中で、たまたま現地で言語学の調査をしていた伊藤雄馬さんと出会い、彼を案内役として、その映画を撮るようになったのだという。

「観る側」の人でもあり、「観られる／写される側」にも溶け込んでいるようでもあり、それらと同時に両者の橋渡しをする通訳という役割を担いながら映像の中に登場するのが、伊藤さんである。日本人でもあり、ムラブリ語やタイ語やラオス語などの諸言語を自在に操る彼の存在が、この映像作品に独特の色調を与えている。

SNSを通じてすでに知り合っていたが、私が伊藤さんと初めて対面で会ったのは、同年

3月26日の『森のムラブリ』の映画の舞台あいさつにゲストで呼ばれて、20分くらいの時間枠で話した時のことである。右に述べたことや、ムラブリには「ありがとう」という語はないでしょうね、というようなことを話したことを覚えている。その日はその後、伊藤さんと金子さんと私で食事しながら、あれやこれや歓談した。

4月5日には、この映画の公開を記念して、DOMMUNE（詳細は22頁の*2を参照）で、「狩猟民ナイト」と題するイベントが行われた。後日、私はその録画映像を見た。そこには、金子さんと伊藤さんに加えて、社会学者の宮台真司さん、縄文研究者の関根秀樹さんなど、多才・多芸な人たちが出演していた。狩猟民の火起こしの疑似体験や民族楽器の演奏や舞踏などが行われたこの番組のカオスな状況に度肝を抜かれたのは、私だけではなかっただろう。

*

その番組の中で伊藤さんは、ムラブリから飛び出してきたように思われた。彼はその日、ムラブリのように、ふんどし姿で番組に出演していたのだった。上着を羽織ってはいたものの、その出で立ちは、意表をつくものであり、衝撃的だった。

ふんどし姿は、目立ちたいがためのパフォーマンスではなく、ムラブリの番組だからふんどし、という自然な発想経路によるものだったのではなかったかと、私には思われた。そしてその出で立ちは、伊藤さんが、これが、東京の渋谷から発信される現代日本のトーク番組だということをいっこうに気にしてないことの表れであるように思えた。言い換えれば、ムラブリ的な心性を持ったまま、彼はその場に現れたのである。

伊藤さんはまた即興で、ムラブリ語で歌や怪談を披露した。もちろん何を言っているのかは誰にも分からなかったはずだ。しかし私には、歌の最中に、話の中に、ムラブリの森の世界が突如として立ち上がったような気がした。

＊＊

私は、こうした伊藤さんの振る舞いやたたずまいに、ある既視感を抱いた。自分自身の「鏡」を見ているような気がしたのだった。伊藤さんは、２００７年３月末に、マレーシア・ボルネオ島での一年間にわたるプナンのフィールドワークを終えて帰国した、かつての私自身でもあるように思えたのである。詳細は後述するが、私も帰国直後にはプナンにいるような感覚で授業をし、天候激変時には〝唱え言〟をしたことがあった。

その時私は、プナンを引きずっていた。いや、引きずっていたというよりも、一年間プナンとともに暮らすことで、全部を持っていかれてしまっていたため、プナンとしてそこにいたのだというほうが適当かもしれない。プナンに心と体を奪われたまま、プナンの狩猟小屋か森の中にいるまま教壇に立って、彼らが日常にする身体動作や振る舞いを、現代日本の公共空間でするということに何のためらいもなかったのではなかったか。

後述するような私の授業での「奇矯な」振る舞いは、プナンの暮らしにどっぷりと浸り切って、彼らのやり方や考え方を身につけた果てに、日本に帰国した私の「文化不適応」の一つの表れだったのかもしれない。教員や女子学生に怪訝な顔をされたことで、そうした自分の振る舞いは、現代日本の社会空間ではふさわしくないなと思ったように記憶している。その後しだいに私は、プナンから離れて、目の前にある現代日本の日常に没頭し、日本に再適応するようになった。少し大げさな言い方をすれば、私は、まっとうな日本人としてよみがえったのである。

＊＊＊

ちょっと立ち止まって、このことについて少し考えてみよう。帰国当初の私のプナン的な行動の表出を、文化的な不適応だと見ることは果たして適切なことなのだろうか？

それらを文化的な不適応だと見ることの背景には、誰しも、異文化での長期滞在を経て帰国した後、徐々にもとの文化に再適応していくのだとする、一種の予定調和的な考えが潜んでいるように思われる。私は、大学教員としてあるまじき行為を反省し、教える側の立場を弁えて、学生にとって模範的な行動をとるべきだと考えたのであった。

そのことは確かにそうかもしれないのだが、そう考えることによって見失われてしまう、見逃してしまう点があるようにも思われる。森の民とともにいて魅了されたという経験の強度そのものが失われてしまうのである。記憶と記録の中にしか、原体験の痕跡は残らない。しかしそれはもはや経験の原液ではなく、薄められたものだとは言えないだろうか。

原体験は、その体験者自身の立ち居振る舞いやたたずまいという身体的所作や日常言語のうちにこそ感じられるものである。原体験を、現代日本のルールや常識の箱の中に収めることによって、フィールド経験の最も大事な部分が抜け落ちてしまうのではないだろうか。今となっては私には、森の民とともに暮らしてみて、彼らにごっそりと持っていかれること、心と体を奪われてしまうことこそが、とても重要なことだったように思えるのである。

＊＊＊＊

伊藤さんがDOMMUNEに出演した時、ムラブリに心と体も囚われたままだったと言えるのかもしれない。いや、ムラブリに大きく生き方をかたどられているという意味で、その前から、その後もずっと、心と体をムラブリに奪われてしまっているというのは言い過ぎだろうか。一人のムラブリが、現代日本を歩き回っている。とにかく、深く魅了されているのだ。

いずれにせよ、ふんどしをはいて番組出演し、ムラブリ語で、即興で歌を歌い、話す日本人としての伊藤さんは、一年間のプナンでの滞在から帰国して以降しばらくの間の私自身でもあった。その番組を見た時、ふんどし姿でムラブリ語を操る伊藤さんが、その振る舞いの裏で、どんなことを考え、何を感じているのかを、ぜひ聞いてみたいと思った。ムラブリ＝日本人と話をしてみたいと思ったのである。

森の民に心と体を奪われた旅人は、私たちだけではない。これまでにもたくさんいたはずだ。いや、多分森の民に接触し、彼らとともに長らく暮らすと、魅惑され、ヘロヘロにされてしまうのだ。

薄められたものではない形で、魅了された経験をまるごと残してくれている人類学者や探検家もいる。『森の民』（原著1961）を著したコリン・ターンブル、『狩猟民の心』（原著1965）を書いたローレンス・ヴァン・デル・ポストらのことが思い浮かぶ。彼らは、アフリカの森や砂漠の民である狩猟採集民やその周囲の環境に魅了され、森の民の世界などでの一回きりのワクワクする経験を生き生きと描き出している。ムラブリ（ピー・トング・ルアング）には『黄色い葉の精霊』（原著1951）を書いたベルナツィークがいたし、プナンには『熱帯雨林からの声』（原著1996）のブルーノ・マンサーがいた。

ここでは、伊藤さんや私のことを、「森の民であり、日本人でもある」存在だと自己仮定してみよう。本書では、私たち二人がともに、いかにして東南アジアの狩猟採集民である森の民に魅了されるようになったのか、そしてそれは、どのようなことだったのかを考えてみたい。それだけでなく、そのことが今、現代世界にとって、現代日本で生きる私たちにとって、どういう意味があるのかについても考えてみたいと思う。

対談❶

森の民に心奪われるとはどういうことか

本書のきっかけとなったオンラインで行われた対談。そもそもは奥野さんが「ユニークな人がいる！」と自活研究者である伊藤さんを対談相手に指名したことがきっかけです。お二人のバックグラウンドに始まり、吹き矢の実演、世界初の異言語コミュニケーションのセッションまで、多くの方にご視聴いただいた内容を、対談❶と❷に分けて、臨場感たっぷりにお届けします。

放浪を経て僧になり、人類学者の道へ
――奥野さんがロールモデルだった？

伊藤　言語学者の伊藤雄馬です。ムラブリという人たちの言葉を15年ぐらい研究している者です。今回の対談に際して、奥野克巳さんの『一億年の森の思考法』（教育評論社、２０２２）を読ませていただきました。奥野さんのことは以前から存じ上げていて、他の著書も読ませていただいていますし、マルチスピーシーズ人類学研究会＊1にも何度か参加させてもらっていました。それは奥野さんの研究が面白いし、対象も狩猟採集民であるプナンだから、という点がまずあるのですけれど、ぼくにはそれ以上に気になっていることがあったんです。それは、現在の奥野さんに至るまで、どういう軌跡を歩まれてきたのか、ということでした。これをぼくは知りたくて仕方がなかったんです。本の紹介文にもあったように、奥野さんは20代の頃、放浪生活を経て僧になって、その後に人類学を志されて、今は先生になっている。ということを、Twitter の自己紹介の欄でも書かれています。それだけ見たら、「何だそれは!?」と思いませんか。普通じゃないで

＊1　マルチスピーシーズ人類学研究会
奥野克巳や近藤祉秋などの人類学者有志によって開催されていた研究会。２０１６～２０２２年まで61回の研究会やシンポジウムなどを開いた。マルチスピーシーズ人類学とは、異種間の創発的な出会いを取り上げ、人類学を、人間を超えた領域へと拡張しようとする２０１０年代以降の新たな潮流である

す。きっとその期間に今の奥野さんが醸し出す空気が形づくられたのだろうと勝手に想像してしまいます。だから、その期間にどういう経験をされたのか、とても気になる。けれど、奥野さんがそれについて全然語ってくれなくて。奥野さんの本をいくら拝見しても、その話はなかなか出てこない。どこに書かれているんだろうと探していたんですが、この『一億年の森の思考法』の「序章　旅を経て、文化人類学を始める」にその放浪時代のことが書いてあるんです。これはもうぜひ読んでいただきたいんです。まあ、すごいんですよね。特に放浪中に出会った人々のスケールの大きさがすごい。その人たちに会ったことで、今の奥野さんが形づくられたというのが、本当によく感じられます。

個人的な話になってしまうんですけど、ぼくは奥野さんをロールモデルの一人だと思っています。だから、奥野さんが今のぼくと同じ年齢の頃、何をしていたのか気になっていました。この本はそれに答えてくれていて、ぼくはそんなエピソードが読めてうれしかったですし、やっぱり参考になったんですよね。ぼくもムラブリという狩猟採集をする人たちと15年以上付き合っているわけですけども、奥野さんが狩猟採集民であるプナンの人たちと出会って、どのように変化されていったのかを知ることは、これからのぼくがどうなるかの予習のようなところがあって、参考にさせてもらったという点があります。これからのぼくの未来図を先取りして読んだぞ、そういう感想にまずなります。

あと、もちろんプナンとムラブリの違う点もあるなというのは感じています。狩猟採集民とくくられていて、似ている部分もたくさんあるんですけど、違うところもたくさんあることに気付かされました。

奥野　ありがとうございます。とても恥ずかしく感じながら聞かせていただきました（笑）。序章の「私の日本脱出時代」というのは、高校時代に日本脱出という野望を抱いたのをきっかけとして、それを実行して、いろんなところを経巡った頃の話です。最終的に、大卒後に就職していた商社を辞めてインドネシアを一年間放浪した後に人類学者になりました。人類学者たちは今（２０２２年7月時点）、新型コロナ感染症の影響で、大体２０２０年から2年間フィールドに全然行けていないんです。私も行けていません。２０２２年の8月に3年ぶりに行く予定なんですけど。

　そんな中で、人類学者はフィールドに行かないとやっぱりおかしくなる人がちょこちょこ出てきているようなんです。ある人類学者とこのあいだ話をしていたら、フィールドに行けないので、結構精神的におかしくなっていると自分で言ってました。フィールドワークの代わりに何をしてるのかというと、毎週東京湾に釣りに行っていたらしいんです。彼といろんなことを話したのですが、病んでいるなという印象を持ちました。

　その方から聞いた話で一つ触れておきたいのですが、彼は勤務先の大学のゼミで学生たちにいろんな面白い人を連れて来てもらって話を聞く機会を設けているらしいのです。ある時、一人の学生が80代の男性を連れて来たと言います。いつものように、30分間だけ話をしてもらう約束で話を始めてもらったというのですが、そのゲストは90分間の授業をとおして話し続けたらしいんです。

80代ということで、なぜかピンときたんですが、拙著『一億年の森の思考法』の中では「浅村さん」という仮名で登場いただいているのですが、１９８０年代末に私がインドネシア放浪している時に出会った世界放浪していたその方ではないかと思って、ひょっとしてそのゲストは浅村さんじゃないですかと尋ねたら、「そうです」という返事が返ってきたんです。なんと本の中に書いた人の消息に、30数年ぶりに出会ったのです。

浅村さんはその本の始めを読んでもらうと分かるのですが、私がインドネシアを放浪した88年に、最初に出会った方です。ものすごくでかい声で話している人がいたんです。浅村さんと最初に話した時、彼が言ったのはこういうことでした。君が一年間インドネシアを放浪するのであれば、言語なんかを勉強してから入っていくというよりも、何もせずに魂の赴くままに行ったほうがいい旅になると。いきなり初対面の私に対して、そう言ったんです。当時、私が20代で、浅村さんは50歳の少し手前くらいでしたが、彼の言葉にとても強烈な印象を受けました。

私は、ジャカルタであるとかバリ島を拠点としながら放浪していたんですけれど、彼とはその後も何度か会って話をしました。メールやＳＮＳがない時代ですから、安宿に手紙を残しておいて、次はどこどこに行くから、そこで会いましょう、というやり取りをしていました。

当時、浅村さんは20年以上にわたって世界中を放浪していて、ヨーロッパで放浪していた時には、お金がなくてごみ箱をあさっていたら、その家の女性から「うちの中に入っていきなさい」と言われて、食事をさせてもらっただけでなく、なんと、そこで子供までつくったといいます。聞くところによると、同じような経緯で、世界に8人ぐらい子供がいるというような人だったんです。浅村さんは、それまでの人生で私が出会ったことがなかったタイプで、アウトロー的で、スケールの大きな、なんだか鬼気迫るような人だったんです。

その後もインドネシアを放浪しているあいだに、団塊の世代、つまり1940年代後半くらいの生まれの、いろんな変わった日本人たちに、次から次に出会いました。80年代後半には、その頃40代ぐらいの、日本をドロップアウトして世界を旅していた人がたくさんいたわけです。そういう人たちと交流をし、いろいろな出会いがあって、その人たちを通じて世界を見ていたというような経験が、私の底の部分にはあります。

画面に現れたふんどし姿の男性

奥野　さて、伊藤さんから本の感想を頂いて、「予習」とおっしゃったんですが……いや、ご自分がこれから歩んでいく展望を予習してみるというふうなことになるんじゃないかとおっしゃったんですが、今度は私のほうから少し、今日、伊藤さんをお招きして、お話をしたいと思った理由を話させてください。私が伊藤さんとお会いしたのは、2022年に金子遊監督の映画『森のムラブリ』が渋谷で上映をされた時の記念トークで、20分ぐらいお話したのが初めてでした。それ以前には、伊藤さんが確かラジオをやられていて、そこで私が翻訳した人類学者ティム・インゴルドの著作『人類学とは何か』（亜紀書房、2020）を取り上げて、ものすごく鮮やかな解説をされていたのを聞いたことがありました。その時、チャットでやり取りしたことを覚えています。

話の流れで、どこにいらっしゃるのかと聞いたのですが、確か、伊藤さんは、どこかでテント生活をしてるというようなことでした。その時は、私が旅先で出会った日本人のように、変わった人だなと思ったんです。時間がなかったのでそれほどお話をしなかったのですが、すごくユニークな人がいると思ったんです。

私の直観が当たったと思ったのは、DOMMUNE＊2で『森のムラブリ』上映を記念して、「狩猟民ナイト」という公開イベントの伊藤さんの振る舞いを見た時でした。そこには金子さん、伊藤さん、そして社会学者の宮台真司さん、それから縄文研究者の関根秀樹さんという4人の、非常に多彩多芸な人たちが集まったのです。前半は、宮台さんを中心に、とても真面目に、『森のムラブリ』をどう見るのかという話が進行したように思います。金子さんの司会も素晴らしかった。

そしてそのイベントの後半が、これまでどこでも見たことがないイベントだったんです。一言で言うと、カオスでした（笑）。関根さんによる狩猟民の火起こしの疑似体験とか、出演者たちによる民族楽器の非常にカオティックな演奏とか、

＊2 DOMMUNE
現代美術家、映像作家である宇川直宏が主催するライヴストリーミングスタジオ兼チャンネル。『森のムラブリ』公開記念番組は2022年4月5日にON AIR

わけが分からないけれども、非常に盛り上がった、祝祭的なイベントでした。そのイベントでは伊藤さんの奇抜さが、とてもよく出ていたように感じました。

伊藤さんはその日、ふんどしをはいて来られたのです。ただ、上着は羽織られてましたけど、ふんどし姿なんです。ふんどしをはいて来られて、そしてムラブリ語で、即興劇をされ、ムラブリ語で歌を歌われて、それからムラブリの怪談も披露されたんです。これが非常に印象的でかつ衝撃的なものだった。

そのふんどし姿は、私から見ると、目立ちたいがためのパフォーマンスじゃなかったと思うんです。ムラブリの番組だからふんどし姿で来られたという、ナチュラルな発想経路だったんじゃないかと思ったんです。これが、渋谷から発信されている現代日本のトーク番組だということを伊藤さんは全然気にしてないんじゃないかと私には思えました。言い換えると、ムラブリ的な精神性みたいなものが自然に発散してるように感じたのです。とてもワクワクしました。日本の渋谷でDOMMUNEの空間にムラブリがいるみたいな、そういうふうにも見えました。

その時、そうした伊藤さんの振る舞いとかたたずまいに、ある種の既視感を覚えたんです。私にとっては伊藤さんというのは、ムラブリに心と体を奪われてしまっている言語学者として映ったんです。非常に強烈に。暫く会わなかったけれども、こういう人ってまだいたんだとも思ったんです。

忘れかけていた何かを携えて、世界に向けて何かを喚起するためにそこに登場したんじゃないかと思えたんです。これまでもいたように思ったのですが、パフォーマンスを見ていてつらつら鑑みるに、それは、私自身でもあったのではないかと思い至ったんです。私もプナンに行って、実はこうだったんだということを思い出したんです。森の民に影響を受けて、何かもう日本に帰って来ても「そのまま」で、自然体でそういったことをやってしまうような人間。ムラブリというフィールドから帰って来た伊藤さんは、かつての私でもあるとはたと気付いたんです。

寝そべって授業をしてみた

奥野　私はこれまで600日ぐらいプナンと一緒に暮らしています。最初は一年間行ったんです。大学を休んで一年間のフィールドワークを終えて帰って来たのが2007年3月末で、4月になるとすぐに授業をしなければいけなかったのです。帰国した直後、私はプナンの精神性を持続させていて、2007年の4月のことですが、勤め先の大学の教壇で、授業のイントロダクションで、ふと寝そべってやってもいいかなと思ったんです。プナンのダラダラした暮らしの延長線上で。

それで、プナンの狩猟小屋にいるような感覚で、授業を寝そべってやりました。寝っ転がって授業をしていたことに関しては、咎める口調じゃなかったですが、学生から伝え聞いて「奥野さん、寝そべって授業をやってたようだね」と言ってきた先生がいました。そういう奇異な行動に違和感を抱いた学生たちは、次の回からその授業を履修しなくなったようでした。後から聞いた話ですが。私の奇異な振る舞いによって、履修者が激減したんです（笑）。

プナンの中には、ペニスの亀頭部分にピンを着ける男がいるんですけど、その写真を撮って持って帰って来たので、授業で、大写しにしたパワーポイントの画面を部屋いっぱいに見せたりもしました。そしたら前列に座っている女子学生たちがいっせいに下を向いてしまったのです。

エピソードは、他にもあります。熱帯のボルネオ島では、すごい頻度で雷が起きるんです。雷鳴が轟くわけです。雷鳴がこれまたすごいんです。雷で空気が震えることもあります。その時プナンは天空に向かって、雷が止むように唱え言をします。こんな感じです。

プーイ、カウ！　アミ・マニ・ク・ムリー、アミ・マニ・ク・ジャジ、ムミガー・バルイ・ガウ、バルイ・リウン！

日本語にすると、「やめておくれ、あなたよ！　あなたに帰ってほしい、そう約束してほしい、雷のカミよ、稲妻のカミよ」です。

雷鳴が轟いた時に、雷のカミや稲妻のカミに対して、プナンは、唸るのを、轟くのを止めてほしいと唱えるのです。私がプナンのフィールドから日本に帰って来た夏に、雷鳴が轟いた時、私の口から、その唱え言がふと口をついて出てきたことがあったんです。

DOMMUNEで、ムラブリを自らの内に潜ませている伊藤さんは、プナンのフィールドから戻ったばかりの時期の私自身の振る舞いを想起させました。かつて私も伊藤さんと同じだったと思ったんです。そういう既視感を抱いたんです。

人類学者や伊藤さんのようなフィールド言語学者は、森の民とともに暮らしながら調査をするんですけれども、そこから遠く離れて帰国しても、多分フィールドで染みついた精神性を引き摺っているんです。逆に言うと、少なからぬ影響を受けるというよりも、それ以上のものを持ち帰ってくるのです。

ただ、そのうちにその影響は薄れて、日本社会に暮らす日本人に戻っていってしまうということも言えるでしょう。私も最初、一年間プナンとともに暮らして帰国した時が最もその影響力が鮮烈だったんですが、その後、毎年二回ずつ、何回も何回もプナンに行って帰るというのを繰り返していると、自身の中に内在化させている「プナンなるもの」がどんどん薄れていくとも言えるのかもしれません。そういったことを考えましたので、今日、新刊の刊行記念トークイベントとしてどなたとお話されますかと聞かれた時に、即、伊藤さんとお話をしてみたいと答えたのです。

ここら辺で、伊藤さんからお話をしていただければと思います。伊藤さんの中で、あのふんどし姿やムラブリ語の話はどういうものだったのでしょうか？　ムラブリ語はDOMMUNEで聞いても、誰も分からないですね。しかしオーディエンスは、強烈な印象を、あの時に与えられたように思います。いかがでしょうか？　私のこの解釈は？

伊藤　実はムラブリ語で怪談を話したり即興歌を歌ったのは、あのDOMMUNEが初めてだったんです。あれは映画『森のムラブリ』の監督である金子さんからオファーがあったんです。「ムラブリ語で歌えますか？」と聞かれて、ちょっと考えたんですけど、ぱっと「あ、できます」と言っちゃったんです。そんなことをやった経験はなかったですが、できそうだなという直感がありましたし、返事をしてしまった手前、やるしかないかと思って。特に本番まで練習するということもなくて、出たとこ勝負でした。

ふんどしも金子さんの案です。もちろん多少パフォーマンスの意味もあって、「ふんどしはきましょう」と金子さんに言われて笑ってしまいましたが、落ち着いて考えてみると、「何でDOMMUNEでふんどしをするのが恥ずかしいことなんだろう」と思ったんです。ムラブリがお日様の下でふんどしをはいて平然と暮らしているのを見ているわけですから、冷静に考えたらぼくもふんどしをはいて人前に出ることは同じことで、別に恥ずかしくないと感じたし、日本だからどう、とかいうのもあんまり感じなくて。「ふんどしでも良かろうもん」とふんどし姿で出ていきました。

奥野さんがそんなぼくの姿を見て、既視感を持ったとお話しされていました。森の民に影響を受けた仲間だと認めていただけたようで嬉しいです（笑）。やはりぼくもムラブリの村に滞在して、日本に帰って来た時、すごく違和感を持ちました。その時の違和感は最近は薄れつつあって、今はもう思い出せないんですけど、最初の頃は強い違和感を感じていたと思います。何で日本はこうなってるんだろうとか、ムラブリならこんなことしないとか。そういう反発めいたものというか、馴染めない部分を強く感じたと思うんです。一方でそれが今どうかというと、やはり奥野さんが言われるとおり、薄れているのは間違いないです。じゃあ、それがなくなったのかというと、それもまた違うなという気がしています。

フィールドとシームレスな自己

伊藤　それはどういうことかというと、例えば持ちものの変化を例えに話してみたいと思います。一昔前のぼくは、日本を離れムラブリの村に行く際には、日本で着ている服とか、使っているものではなく、ムラブリの村で滞在する用のものを用意していたんです。ぼくはそれをムラブリセットと呼んでいました。ムラブリに行く時のバッグがあり、服があり、靴があり、財布があり、それらを日本で使うものとは別に用意していたんです。なかなかいい案だな、とその当時は得意気だったんです。

でも、ある時期から、そのムラブリセットがあることに違和感を持つようになりました。どうして日本とムラブリで使っているものを別々にしなくちゃいけないのかと思いだしたんです。大学院生の頃だったと思います。年に2回、1回につき1カ月ぐらいムラブリの村に行っていたので、1年のうち2カ月ぐらいはムラブリと過ごしていました。年の1／6だから、そこそこ長いですね。そうなってくると、日本にいる時とムラブリにいる時の持ちものを、わざわざ分けるよりも、両方とも同じ持ちもので生活をすればいいという発想になったわけです。

大体、飛行機に乗るというのが一大事というか、大ごと感を演出しているポイントで。飛行機を予約して、パスポートを準備して、パッキングしてとか。そういう準備があるから、なんだか日本にいることと、ムラブリに行くことを分離してしまっている気がして。でもそれが、前の日に大学の研究室に行ったのと同じ格好で空港に行くようになっていったんです。そうすると自然と日本にいる自分とムラブリにいる自分との境界がごちゃごちゃと混ざっていって、区別できなくなってくる。〝あわい〟の部分が出てくるんです。その〝あわい〟があることによって、以前は強く感じられていた帰国直後の日本への違和感は持ちづらくなります。それと同時に、日本からムラブリへ行った時に「ここは日本でない」という感じも薄れてくる。だからどっちにいても地続きなんですよね。そういう経験があったから、DOMMUNEの時もふんどし姿で出演できますか？　と言われて、できますよと言えた。ふんどし姿になるというのもムラブリにいる自分と地続きな感覚があったからできた。まあ、ふんどしで隠すべき部分は画面からは見えないだろうし、大丈夫だろうと（笑）。ただ、実際は分からないですね、現場にいた人の話だとちょっと危なかったと言っていた人もいましたし。

奥野　そうですか。映ってはいけないものが見えそうで、危なかったんですね（笑）。

伊藤　何か、すごいカメラワークだったらしいんです（笑）。

奥野　ちょっと危なかった。

伊藤　見ようによっては危なかったみたいです。まぁ、見えていてもぼくは問題ないんですけど（笑）。奥野さんが言われたように、あの場でぼくはあんまり、何か気を張ってやってるというような感覚はなくて。ふんどし姿で人前に立つことが、ぼくの中でそんなに不自然なことではないというのがあったんです。

奥野　不自然なことではないというのは、面白いですね。森の民と現代人という二元論的な、つまりこっちとあっちを分断した上で、それら二つをいかに融和させていくかというよりも、繋がっているというところで行き来するということですね。あくまで自然体で向こうに行ったりこっちに帰って来たりするということですね。

伊藤　そうですね。今回も本を読みながら、そういう感想を実は持ったんです。

ムラブリやプナン、別の生の可能性への想像力

奥野　いや、面白いですね。今のお話は非常に興味深いと思いました。ちょっとこれを見て貰いたいんです（雑誌を取り出す）。『サイゾー』です。『サイゾー』の2022年6月7日号に、『森のムラブリ』に関して、宮台真司さんと神保哲生さんの「マル激トークオンディマンド」*3で収録

された記事が載っています。その中で、宮台さんは、伊藤さんのことを「この映画に、なんの説明もなく素敵なお兄ちゃんが出てきて、彼はいろんな言語を操りながらフラフラとしていて、何の研究をしているかもよく分からないんです。それがすごくいい感じで……」と紹介しています。もともとは、Youtube で見られるトーク番組に出られたんですね。見ましたが、それもなかなか良かったです。

伊藤 ありがとうございます。

奥野 この対談は、DOMMUNE とは違って(笑)、とても真摯で、理性的なものでした。宮台節が炸裂するとともに、とても重要なことが述べられていたと思います。

宮台さんは鼎談記事の中で、こんなことを言っています。「我々は国民国家を営むようになってから、長く見て200年。主権国家というものを知ったのも1648年のウエストファリアからだから、それから数えてもまだ400年も経っていません。その中で、言葉と法と損得の奴隷になりきって戦争をしていて、プロパガンダによってインチキの物語を刷り込まれている」と。そんな中で、『森のムラブリ』は、自由への映画だと言っています。

宮台さんはまた、われわれは戦争をしないで平和に暮らしましょうとか、できるだけ選択肢を増やして、人権を保障しましょうという具合に、われわれのナラティブ(物語)を生きている

＊3　マル激トーク・オン・ディマンド
宮台真司と神保哲生が毎週ゲストを招いて、一つのテーマを徹底的に掘り下げるインターネット放送局「ビデオニュース・ドットコム」内のトーク番組

だけなんだとおっしゃっています。言い方を換えれば、われわれの枠組みの内側では解決できなかったり、見えなかったりする問題が存在するということです。見えないものがあるんだけれども、それらを度外視して、われわれはわれわれのナラティブに囚われたまま生きているんです。

宮台さんは続けて、「選択肢が増えて、選べることが自分たちの自己実現につながる、自由につながるみたいな発想とは違う自由があるということ。時間にも縛られず、お腹がすけば掘ったり採ったりするし、移動したほうがいいと思ったら移動する。自由だと思いませんか?」という問いを発しています。加えて、私がとても面白いなと思ったのは、永続的な規範や相続や所有がないという具合に、ムラブリには私たちの持つ概念がないことを取り上げて、「このように僕らが持っているさまざまな概念を持っていないことが、逆に、僕たちが概念によって縛られていることを炙り出すんです」と宮台さんがおっしゃっている箇所です。

現代のわれわれの暮らしの逆の位相において暮らしている人たちというのが、ムラブリあるいはプナンなんです。私自身は、おそらくこうした森の民のことをちょっとばかり理想化しすぎているかもしれないんですが、宮台さんのおっしゃっていることは、とてもよく分かります。

この記事の中では伊藤さんは、日本社会では余計なものが多いということを最後に言われていますね。「ムラブリに行ったらすぐになじめるような体ですごしたいというモットーで生きていて、そうすると彼らの目線になれているかもしれないと思えるときがあるのですが、そういう目線で今の世の中を見ると、正直しんどくて、離れたいという思いが強くなりますね」とも。これは、全く同感です。
　だからムラブリであるとかプナンとか、こうした別の生の可能性への想像力を、実際に住み込んでみて感じるということが、私たち自身の思索を広め、深めてくれるという意味で、今ふたたび大事なんじゃないのかなと思うんです。そこら辺に関してはどういうふうに思われますか？

伊藤　ぼくもそう思います。一緒の空間に生きてみることが大切です。
　ムラブリのような、概念に囚われていない、「お金って何？」みたいな、そういう世界に生きている人がいる。プナンもそうだと思います。一方でぼくはというと、1986年、昭和の終わりごろに生まれたんですが、そこはもちろん日本という国というものが明確に認識されている現代日本であり、貨幣などの社会制度が当然のようにある世界に生きてきました。けれどムラブリ、特にラオスのムラブリは、その辺があいまいなわけですよね。ラオスのムラブリは森の中を遊動生活していますが、彼らは自分たちのことを「ラオスの国民である」と多分思ってないんです。その人たちに触れて、「そうか、もともとは国なんてないよね」と納得している自分に出会う。「国なんて概念に過ぎない」というのは、日本にいながら頭で考えることはもちろんできます。それでも、ラオスのムラブリのように、国のない世界を生きている人を目の当たりにすることによってしか、感じられないところがあるんです。そのインパクトというのは、本で読んだり、頭で考えたりすることとは、全然違う。インパクトが外側から何かを受け取るというものではないんです。外側ではなく、内側。自分の中にも国というものを想定しないで生きている自分がいるんだということに気付く。そういうインパクトなんですね。「そういう人がいるんだな、すごいな」じゃないんです。「ぼくもそうじゃん」と気付く。これは何か本とかで読むんじゃなくて、目の前でそういう生きざまの人に実際に見て触れて同じ場にいることで、初めて感じられるインパクトなのかなという気がします。

〝あわい〟やインターフェースに身を置く

伊藤 二元論はいつも個人の中にあると思うんです。例えば国という概念が当然だと思っている自分と、そんなものは虚構だと感じている自分。それは二元論的に言えば、「国はある」と「国はない」という対立する現実性ですよね。それらは同時には成立しないので、矛盾しているわけですが、じゃあ自分の内側を覗いてみると、国がある世界に生きている自分と、国がない世界に生きている自分が、自分の内側で同時存在しているんだということに気付くわけです。この気付きに二元論を適用して、どちらの自分がより自分か、と考えだすとドツボです。どちらかを否定しないといけなくなる。けれど、そうしない方法もあります。それは「自分は多層的なんだ」というアナログ的な解釈です。「国はある」と考える自分と「国はない」と感じる自分は地続きであって、グラデーションをなしている。つまり、国はあるもんだよねということを、当然と思っている自分と、国なんてないよと思っている自分が、混ざり合って同時に自分の中にあることを自覚していく。いくつもの層が自分の中に同時に存在していて、矛盾している。そのことを〝あわい〟と表現しました。先ほど日本にいる自分とムラブリにいる自分というのが地ならしされて混ざっていくという表現をしましたけど、「多層的である自分に気付いていく」と言い換えられます。「国はある」も「国はない」も自分の中で連続的な層をなしており、同時にある。そういう見方ができるのかなと思います。

奥野

奥野さんの中にもおそらく、プナンに会われて、日本に帰って来て、またプナンに戻っていくということを繰り返される中で、二元論には収まらない何かを自分の中に発見されたと思うんですよね。そういうのが今回の本の中でぼくは読み取れたような気がするんです。奥野さんは多層性のような在り方についてはどうお考えですか?

私は、日本を土台としながら長らく森の民と一緒に暮らすことによって、その精神性であるとかエートス（社会的特性）であるとか、そういうものが身に付いて染み出してきている現代日本人として、伊藤さんのことを見ていたし、先ほど言ったように、伊藤さんの今は私自身であったと感じたんです。加えて、お話を伺っていると、必ずしもそういった、こちらを土台とした、つまり日本社会を前提としながら、古き良き自由を享受する、不自由から解放されたような人たちとして理想化して語るのと違う方向に向かうべきなんじゃないかとも思いました。

つまり、現代人と森の民を行き来しているうちに出来上がるような人格、それらの〝あわい〟であるとか、インターフェースにいることが、身振りであるとかたたずまいみたいなものも含めて、考えられるべきなのではないかと思ったんです。

そうすると、私が伊藤さんに見たのは、ある種の幻影であったかもしれない。つまり、私だと思ったのは、私自身がプナンに全部持っていかれたという経験だった。そういったものが薄まっていくと考えてしまうことは、結局、この現代の日本社会を土台として考えていることに他ならないわけですね。

そうじゃない在り方をどのように考えていくのかということが、ひょっとしたらより自然な形で、自分自身の心と体を開いていくということに繋がっていくのかな。それが伊藤さんの言われている二元論ではなくて、いくつかのレイヤーがあるような多層性そのものを、多層を行き来することに繋がっていくのかなと思ったんですが、どうでしょうか。

伊藤　本当に、そういう感じなんですよね。奥野さんがプナンに持っていかれたという表現をされている経験というのは、おそらくぼくにもあったと思います。今はそういう感覚は薄れていて、あんまりない。じゃあ、「持っていかれていた時代のぼく」と「そんなに影響を受けている気がしない今のぼく」を比べてみると、例えばですが、どっちがムラブリ語上手なの？　と考えたら、今なんですよね。昔のほうがムラブリにやられていて、日本に帰って来たら、こんなくだらない世の中……とか、斜に構えたふうでいたんです。でも今はその位置に居着くわけではなくて、そういうひねくれた自分もいれば、お腹が空いたら素直に吉野家に行きたい自分もいるし、そんな現代的な自分がいることを認めています。そこに優劣はないという見方です。それを多層という言い方をしたんですけど、自分は単色でなくて、グラデーションになっていると言ってもいい。

そこから、もう一歩進みたくて、ちょっと混乱させてしまうかもしれないんですが、グラデーションの中で行き来しているあいだは、グラデーションがあるということに気付けないはずなんですよね。

グラデーションを、水槽の水温に例えると、水槽の中にいる魚は冷たいな、温かいなといった、その時その場での感覚があるだけだと思うんです。その魚が何かのきっかけで、羽が生えて、ぱっと水槽から出られたとして、自分がいた場所を上から眺められるようになったとします。そしたら、こっち側にはヒーターがあって、反対にはなかったことが分かって、ああ、だからこっちは温かくて、こっちは冷たかったんだな、同じ水槽の中にいたんだな、というのが自覚できるようになる。水槽の温度差をグラデーションと考えると、それに気付いているぼくは、水槽の外にいるはずです。水槽から出ている。この位置を、別の次元と言いたいんです。多元性と言うんでしょうか。多元的な自分が水槽の外にいて、多層的でグラデーションをなす自分が水槽の中にいる。どの自分も同時に存在しますが、どの自分に軸足を置くかはその都度選んでいる。水槽の外にいる自分の視座にいれば、温かいところにいようが、冷たいところにいようが矛盾しません。同じ水槽の中だから。でも、水槽の中にいる自分だけが自分と思うなら、冷たいところか、温かいところか、どちらか選ばなきゃいけない気持ちになる。

ぼくは今どちらかというと、この水槽の外にいることが多くて、水槽の中のどちらにいても、変わらないよねという。何かそういう感じがあります。

自分の中の矛盾を越えていく

伊藤　本の内容に言及すると、もう一人、森の民に心が奪われたと言える人が出てくるんですね。

奥野　ブルーノ・マンサーですね。

伊藤　ブルーノ・マンサーという方。その方はどんな方でしたっけ？

奥野　プナンとともに1980年代に暮らしたスイスの冒険家です。その時期はちょうど商業的な森林伐採がスタートした時期だったんです。プナンと協力して彼らの抱えている窮状を国際的な関心に仕立て上げて、発信した人です。ブロックエイド、つまり林道封鎖にも携わっていますので、マレーシアの政府からはプナンの抵抗運動の扇動者だと目された外国人です。

伊藤　彼の話が出てきた時に、彼ももちろんプナンにすごく心を引かれて一緒に生きた人という点では、奥野さんもしくはぼくに近い人だと思うんです。ただ、奥野さんはブルーノ・マンサーに対して、こう書かれているんです。彼が書いたエッセイを見て、最初はすごくプナンの生活に魅了されて、幸せそうなことを書いている。でも後半はそのプナンの生活を壊すような文明側に対する怒りが表に出てくる、というようなことを書いている。

東と西に分かれるんです、プナンが。東プナンが文明と戦う。奥野さんが行かれているのは西プナンですよね？　戦わないサイド、戦わなかった人たち。その人たちと過ごしながら、ブルーノに対して「プナンの多自然主義的な価値を一心に説くような生き方へと向かってもよかったのにと感じることがある」と奥野さんは書かれています。つまり、戦うという姿勢に出るような、文明側に対抗するという姿勢ではない生き方。ただただプナンの中で生きるという選択肢も、ブルーノにはあったのではないか、という指摘ですよね。

これはぼくもすごく考えさせられることなんです。ムラブリも似たような境遇が多かれ少なかれあるわけですから。ムラブリは森の中で生きてきたわけですが、外部の民族の開発で資源がなくなって、生きられなくなってから定住化を行政主導で推し進められた。それで生活が良くなった面もあれば、森との距離が開いてしまって、ムラブリの文化が継承されづらい状況になっている。

その状況を外側から見たら、「おい、何とかしろ」とか言いたくなる。ぼくの中にもその気持ちがあります。一方で、ムラブリはムラブリだし、その生活を近くで見ているだけでいいんじゃないか。ぼくはそれを享受というか、一緒に経験してみるというのにとどまったらいいんじゃないか。そんな葛藤がぼくにもあったんです。

これを先ほどの多層性の話に当てはめられると思っているんです。ムラブリと一緒に文明と闘いたいという気持ちもあれば、ムラブリのように我関せずで暮らせばいいじゃないかという自分もいる。ムラブリに寄り添いたいという気持ちもあれば、開発を進める文明側の気持ちも分かるという自分がいるわけで。蛇口をひねれば水が出てくる。ご飯もコンビニで買えるという。そういう生活の利便性というものを知っていて、その中で生きている自分と、ムラブリのように森の中で暮らす、そうした強さに憧れる自分というのが同時にいる。

象徴的だった出来事があります。ぼくは２０２１年は車中泊をしていたんです。お腹が空いたら車を止めて、コンビニで何か買いますよね。コンビニは至るところにありますから。お腹が空いたなと思ったら、運転しながら、ポケットの中に手を突っ込んでお金を探すんですよね。その時にハッとして。「あ、ムラブリだったらこんなことしないよな」と思ったんです。お腹が空いたら、コンビニを探すんじゃなくて、川なり森なりに行って、魚釣りをするとかタケノコを掘ったりとか、そういう行動に出るはずです。でもぼくはまず手持ちのお金を確認しようとする。何でぼくはお金をポケットに探すんだろう。その時に、ぼくの生きものとしての弱さを痛感しました。でも、お腹が空いたら魚を釣るより、お金でご飯を買う方が楽だよねという感性ももちろん持っていて。それと同時に、ムラブリって強いな、ムラブリみたいになりたいなという感性もある。その辺は相容れないことです。でも、両方ぼくなんですよね、グラデーションなだけで。それが矛盾していることに、ちょっと気に病むこともありました。

最近はそうじゃなくて、その矛盾する二つの自分を見下ろしている自分がいることに気付くのが大事なんだと思うようになったんです。どちらかに偏るんじゃなくて、矛盾を自覚した上で、この矛盾をどう飲み込めるか。その矛盾の中で葛藤するのではなくて、矛盾を飲み込む別次元の視点を持つと、何か違う生き方が現れるんじゃないかな、と。
ブルーノは結局、矛盾している自己の中で葛藤があって、選択をしたわけですよね。文明に対抗するという東プナン側に軸足を置いた。それも一つの在り方ですが、水槽の中から出て、多層性を捉えられる、多元的な視点に立つと別の行動になるんじゃないか、別の体の動きがそこに生まれるんじゃないか、ということを今は感じています。それがこの対談の序文にあった、最近ぼくが勝手に言っている「自活研究者」に繋がっています。

他者を「真剣に受け取る」こと

奥野 ことによると、私が聞いたところでは——宮台さんも言っていますけれども——みな研究者になってアカデミックポストの定位置に付くために必死になっている時に、そのポストを蹴って、自活しながら生活していこうと考えて、それを実践されているところに繋がってくるのかなとも思いました。

伊藤 多分奥野さんが、真に受けるということをどこかで書かれていた気がするんですけども。何かぼくとしては真に受けたらこうなったという感じがあるんです。

奥野 「真剣に受け取る」ということですね。

伊藤 「真剣に受け取る」。それもこの本を読んでぼくの中で言語化できるようになった一つの大事な部分なんです。パースペクティヴィズムとか多自然主義とか、人類学で盛んに議論されている少し難しい言葉があります。あまり奥野さんの前でこれはこういうものですと言いづらいですが、ぼくの理解でお話させてもらうと、多自然主義──自然がいっぱいという、それはどういうことかというと、多文化ではないんですね。多文化だとまず自然が1個あって、例えば犬がいて、犬は動物学上の分類としてはイヌ科イヌ属とかだと思うんですけど、それを文化によって呼び分けている、と考えていると思います。日本語では「犬」と呼ぶし、英語ではdog、ドイツ語ではHundと言ったり、ムラブリ語ではブランと言ったりします。つまり、科学的には一つのものが、文化によって別の名付けがされている。一つに定まっている科学的なものを「自然」と捉えて、その名付けとして異なっているのが文化だ、とぼくは解釈しています。

捉え方が合っているのか分かりませんが、この比喩での説明を続けるならば、その「自然」とみなしている動物学上の分類も一つの文化なのではないか、と考えるわけです。動物学も日本語もムラブリ語も、全て同列のもので、それぞれ見ている世界が違うんだよ、それぞれが自然なんだよ、という考え方です。つまり「犬」のいる日本語の世界、「dog」と呼んでいる世界があったり、「イヌ科イヌ属」と呼んでいる世界があったり。だから文化があって自然が1個あるのではなくて、自然がたくさんあって、その自然を生み出している身体を生きながら、何かに名前を付けたりする文化は共通しているよ、そういうふうに理解しています。これはぼくが言語学者なので言語になぞらえて、そう理解しているので、正確な理解かは分かりません。

ともかく、そんな多自然主義の考え方ってとっても魅力的なんですよね。多文化よりも、真に迫っているというか。じゃあ多自然主義を踏まえた上で、その実践となると、とたんに難しくなる。自分もどうしたらいいんだろう、と悩んでいて。

そんな時に、奥野さんの本を読んで「真剣に受け取る」ことなんだと思ったんです。本の話でいうと、例えば〝ングルイン〟の話は面白いですよね。ングルインというのがプナンにあって、捕まえた動物の名前をそのままでは呼べないという部分がありました。

奥野 控えめ言葉ですね。

伊藤 控えめ言葉。人間に対してもそうなんですよね。

奥野 そういうことですね。

伊藤 人間の方が亡くなった時にその人の名前が使えなくなる。同じように、森で動物を捕らえて殺した後には、その動物の名前が使えなくなる。その意味で、プナンの世界では、死んだ人間と死んだ動物は同じ扱われ方をされている。プナンはそういう世界に生きていると捉えてよろしいですか？

奥野 そうですね。

伊藤 これを例えば、多文化主義的にみると、人間と動物は違うものだ、という科学的なというか、一般的な前提があって、その世界から見たら、「(人間と動物は違うけれど) プナンは人間と動物を一緒に見てるんだね、それは面白いね」という理解になると思うんです。丸括弧の部分がまず存在する。「それは科学的には違うけど、あなたたちの文化ではそうなんだね」と解釈することになります。

ただそれだと、その「科学的」というものを抜け出せておらず、プナンの世界を真に受けられていないと感じるんです。何と言ったらいいんでしょう。頭で理解することにとどまっている。では「真剣に受け取る」とはどういうことかというと、つまり本当に人間と動物とが一緒で、それが死んでしまったら別の名前で呼ばないと何かやばいぞと感じる自分がいるかどうか。「名前を呼んだら、何かよくない」と身体が反応するようなら、「真剣に受け取る」ことができていると思うんですね。そのレベルでぼくはムラブリと接しているかどうか、ムラブリを「真剣に受け取っているかどうか」を、突き付けられた感じがしたんです。

最近気付いたことなんですけど、もしかしたらぼくはムラブリを「真剣に受け取る」ことが少しでき始めているかもしれないと思ったんです。ムラブリ語を話している時に、自分がちょっと変わるんですよね。日本語をしゃべっている時と英語をしゃべっている時で性格が変わる人がいるとよく言われますけど、ぼくも日本語をしゃべる時とムラブリ語をしゃべっている時は、何か違うんですよね。

奥野 違いますよね。

伊藤 違いますよね。奥野さんもおそらくプナン語をしゃべっている時と日本語をしゃべっている時は何か自分の感覚として違うものがあると思うんです。ぼくはムラブリ語をしゃべっている時に、遠くを見ちゃうんです。20～30メートル先を。映画の舞台あいさつをしている時に気付いたんですね。舞台に立って皆さんに話をして、金子監督に「ちょっとムラブリ語でしゃべってください」みたいに振られるんですが、それでしゃべると前のほうの座席の人に目がいかないんです。何か奥のほうの、もしくは向こうの壁に話し掛けちゃうんです。目の前に向かってしゃべれないんですよ。そういう感覚があるんですね。そういう自分を自覚した時に、「もしかしたら、今自分はムラブリの見てる世界を生きてるんじゃないか」とちょっと思うことがある。つまり「真剣に受け取る」ことができているのかなと。

パースペクティヴィズムの実践

伊藤　それではっと気付いたんです。パースペクティヴィズム、つまり相手の立場に立つという話とか多自然主義というのは、つまり自分じゃない他者、その立場に立とうということがあると思うんですが、これはその実践ではないかと。それはすごく嬉しい反面、とても疑わしいことでもあります。ムラブリを「真剣に受け取る」と、ここがこうなりますというのは、主観的な感覚ですから、共有するのがとても難しい。客観性がない。

相手の立場に本当に立てているかどうか、その判定は自分がやるしかないんですよね。いかに荒唐無稽な経験を自分がしていようと、その経験をまず自分が「真剣に受け取る」ことなしに検証へと移れない。ムラブリ語の世界を自分は見てるんだと、主観的、感覚的な実感がないと、探求できないと思うんです。

例えば、ムラブリはいろんな精霊やお化けが見えていて、それを日常的に話しているんですね。ぼくはへえ、そうなんだとか、ちょっと疑って聞いちゃうわけです。つまりそんなのいるはずないじゃんという自分の考えもあるわけです。でも、もしムラブリのやり方で世界を見た時に、お化けが見えたとして「あ、見えた」と、まず自分が経験したことを「これは本当に起きていることだ」と受け入れないといけない。受け入れて初めて、ぼくの経験は客観的に検証できる対象になると気付いたんです。

それって、現在の科学のあり方とは相容れないところがあります。例えば論文を書く時に、「客観的事実とそこからの論理的な推論だけを書くのが論文だから、あなたの感想は書かないでね」という作法がありますよね。客観的事実だけを書きなさいと指導を受けるわけです。主語を「私」にするなとか、論文の書き方の教科書に、最初に載っている事柄ですから。つまり、私が何を感じているかということを排除しろという教育を、ぼくは大学院で受けていたんだなと振返って思うんです。

でも、さっき言った、例えばムラブリ語をしゃべると20～30メートル先に目がいってしまうとか、ムラブリとムラブリ語で話していると木から声が聞こえてくるとか。それは大学院で培った態度では、「客観的ではないから」と排除されるものです。ぼくは、その排除されてしまう主観的な経験こそ、多自然主義の実践やこれからの科学に必要な要素だと思うんです。

アカデミックな世界から外に出たというのも、その辺に一つ理由があります。最初にお話があった、インゴルドの話とも関わります。インゴルドはいろんなところで科学は芸術に接近していくと言っています。彼のその発言を、ぼくはとても気にしていたんです。けど、なぜそれが大事なのか、なかなか言語化できなかった。何か自分の実践に繋がると思うんだけど、自分の言葉で説明することができなかったんです。

それが、奥野さんの本を読んで、今のぼくなりの理解ですが、言葉にすることができるようになりました。つまり、自分の経験は自分が主張しないと始まらないんです。他人にどう思われようが科学的でなかろうが、認めて伝えようとする。例えば自分が木の声が聞こえると感じた時に、ぼくは「木の声が聞こえる」と言うべきなんです。客観的にどう検証できるかは置いておいて、ぼくは木の声が聞こえていると主張しなければならない。そのように、自分の世界に閉ざされている経験を、何とか他人にも理解してもらおうとする態度で行われる表現はもう、芸術と区別がつかないじゃないですか。主観的な経験を科学的な態度で表現する営みは——自分の中にある感覚を表現することが芸術だとしたら——科学と芸術は区別できない。インゴルドが言っていた科学と芸術の接近は、つまり自分の経験をまず「真剣に受け取る」ことが大事になるという主張だと解釈しました。自分が感じてることを認めて初めて、相手の立場に立つ準備が整う。自分とは違う相手の世界を「真剣に受け取る」ことは、主観的に達成されるからです。

奥野　なるほど。例えば私は、海外にフィールドに行けなくなって、最近、この8カ月間で10回日本国内でフィールドに行ってるんです。そこで心掛けていることの一つは、何回かやったんですけど、自分以外の何かになってみることだったんです。具体的には、「水になる」ことだったんです。「Becoming Water」。例えば荒川の源流まで行って、水になるわけです。水になった上で2泊3日かけて、車も使いながら、東京湾まで川を下っていくんです。

伊藤　川の流れに沿って。

奥野　そうです。そうすると、景色が別様に——最初、「水になる」ということを心に留めながら下りてくるだけですけれども——見えてくるんです。水になると、景色が違って見えてきます。そうすると、都市空間が人間のために作られてるということが分かるんです。例えば荒川に赤羽の岩淵水門というのがあって、そこから下流の22キロは荒川放水路になっています。荒川流域全体で大体おそらく200万人ぐらいしか住めないのに、その水門インフラがあるおかげで一千万人ぐらいが住むような都市空間ができている。もちろん、人間にとってはいいことなんですが、インフラをつくって、水を人間のために制御している。水をコントロールして、氾濫が起きないようにしてるということが水になると水の側から分かるんです。今、伊藤さんがおっしゃった、相手のパースペクティブになることは、まずは自分が相手の立場になることを、精神的なレベルで成し遂げなければいけないということですね。

伊藤　そうです。そのためには、身体が水になる必要がある。その実践を「真に受ける」と呼びました。

奥野　真に受ける。真剣にそのことをやってみる。つまり「水になる」といったところで、それは言葉だけでやっていたとしても、言葉だけでは何ともならないことであって、実際にやってみるということがとても大事なのではないでしょうか。つまりパースペクティヴを身体の中に埋め込むためには、まずは自分自身を伊藤さんの言葉でいうと「真に受ける」ということを経た上でやってみるということになりますね。

伊藤　そうですね。結局、相手の立場になったといっても、感じているのは相手の身体に化けた自分の世界なのだと思います。

他者のパースペクティヴから世界を見る

奥野克巳

対談❶で伊藤さんからパースペクティヴィズムとその実践の難しさという問いが提出されました。その一つの答えが「真剣に受け取る」でしたが、奥野さんの応答は「水になる」こと。これはどういうことなのか。

文学作品に見られる視点から出発し、人類学におけるパースペクティヴィズムの実践、プナンでの人間を介さない事例、そして「水になる」フィールドワークに至るまで、「パースペクティヴィズム」を紐解いていきます。

二つのパースペクティヴィズム

他者の観点（パースペクティヴ）に立って、自分たちが見ている世界とは違う観点から世界を捉えることを「パースペクティヴィズム」と呼ぶ。パースペクティヴィズムには、明確に切り分けられないのだけれども、「宇宙論的」なものと「実用的」なものがある。まずは、小説とエッセイの中に、それぞれのパースペクティヴィズムを取り上げてみよう。

松本清張の短編小説には、ある時急に他者のパースペクティヴが入り込んでくるものがある。短編小説「一年半待て」（松本１９６５）を取り上げてみたい。

その短編は、戦時中に雇用された会社で須村要吉と結婚し、男女2児をもうけた須村さと子が戦後に、職を失うところから始まる。会社の業績不振から夫もその後失職し、さと子は生命保険会社の勧誘員となって、ダムの工事現場を訪ね歩いて、営業成績を伸ばすようになった。夫の要吉はその頃からさと子に代わって家にいて飲み歩くようになり、さと子の学生時代の親友・脇田静代と懇《ねんご》ろな関係になる。愛人に生活費を貢ぎ、家庭を貧窮に追いやる要吉を詰《なじ》るさと子だけでなく、寝ている子供たちにも暴力を振るう夫を、さと子は樫の棒で強打し、後頭頭蓋骨折により殺害してしまう。

この事件が報道されてからというもの、逮捕されたさと子に対する同情は日増しに高まっていった。婦人評論家・高森たき子は、これは日本の家族制度における夫の特殊な座が我欲的な自意識から起きた事件だと批判し、さと子の行為を精神的な正当防衛だと訴えて、婦人評論家の仲間を誘って裁判所に減刑嘆願書を提出する。その末に、さと子は執行猶予付きの判決を得たのである。

そんなある日、高森は見知らぬ男・岡島久男の来訪を受ける。ダム工事現場の技師であると身分を明かした岡島は、さと子は自分が未亡人であると偽って保険勧誘をしていたと述べた。さと子は、厭で仕方がない夫を殺害するために、夫に計画的に女をあてがい、酒乱癖で生活を破壊させ、夫を殺したのだとも言う。そして彼女は、最初にその計画を立ててから一年半で出所したのだ。

それが想像に過ぎないと詰め寄る高森に、岡島は彼女にプロポーズしたことを打ち明ける。「須村さと子さんは私の求婚に、一年半待ってくれ、といったのですから」（松本１９６５：３０８）。岡島は、しかしその一年半待たせた相手が逃げたことは違算だっただろうと告げて、高森のもとを去る。

読者は最初、さと子を、外に女をつくり、家庭内で乱暴狼藉を働く夫のか弱い犠牲者と読むだろう。そのように、高森らが加わってつくり上げた世間一般のパースペクティヴから事件の顛末を理解しようとする。しかし岡島の出現でその理解は根底から覆される。さと子は、不甲斐ない夫とは対照的に重畳たる大自然に挑み、人間の力でそれを変えようとする男に好意以上のものを抱くようになったのだ。彼女は、岡島からのプロポーズを受けて夫の殺害を計画し、それを実行した「悪女」だったのだ。そのことが分かったからこそ、岡島はさと子から逃げ出したのである。

この短編は、私たちの観点が急に他者の観点によって覆される。私たちの経験する宇宙がひっくり返るのだ。その意味で、パースペクティヴが「宇宙論的」に配置されていると読むことができよう。では、もう一つの「実用的」なパースペクティヴィズムとは、どのようなものだろうか。

「知らない女が毎日家にやってくる」という一文から、村井理子によるエッセイ『全員悪人』(村井2021)は始まる。知らない女は、「ずかずかと玄関から上がり込んで、大きな声で挨拶をしたかと思ったら、勝手にキッチンに入っていく」(村井2021:11)。「女が来ると居場所がない。(…)知らない女に家に入り込まれ、今までずっと大切に使い、きれいに磨き上げてきたキッチンを牛耳られるなんて、屈辱以外の何ものでもない」(村井2021:12)。

そのエッセイの主人公は著者・村井の義母で、認知症を患った80代の女性であり、「知らない女」とは、デイサービスのヘルパーの女性のことである。村井は、認知症を患った彼女の義母のパースペクティヴからは世界がこんなふうに見えているに違いないと推測して、このエッセイを書いている。華道教室を開いていた義母は、生徒が来なくなったのはコロナのせいだと思っているし、長年連れ添った90近い「お父さん」が浮気をしていると思い込んだりしている。

村井のエッセイは、最初から最後まで、義母の観点から、パースペクティヴィズム的な手法によって書かれている。認知症の人から世界がどう見えているのかを理解するために、パースペクティヴィズムが「実用的」に用いられていると言ってもいいかもしれない。

「一年半待て」では、全国から集まった減刑嘆願書によって、法の下に「三年の懲役、二年間の執行猶予」を勝ち取ったさと子のパースペクティヴに基づいて私たちの世界が、岡島という一人の男のパースペクティヴによってひっくり返される。その短編は、パースペクティヴィズムを介して、社会制度のもとでの裁きをどのように捉えるのかという問題提起を孕む点で、一つの「宇宙論」として差し出されている。他方、『全員悪人』では、認知症の義母のパースペクティヴから、私たちが見ている世界とは異なる認知症者の世界への見通しが開かれる。エッセイの中で、認知症者の世界を知るために、パースペクティヴィズムが「実用的」に用いられている。

本章では、この二つのパースペクティヴィズムを軸に、他者のパースペクティヴから世界を見る方法について考えてみたい。

生物進化と「眼」の奪い合い

まずは、哲学者フリードリッヒ・ニーチェのいう「パースペクティヴィズム（Perspektivismus）」に遡ってみよう。それは、ある固定した観点から世界を見ることである。遠近法と訳されることもある。

世界を解釈するもの、それは私たちの欲求である、私たちの衝動とこのものの賛否である。いずれの衝動も一種の支配欲であり、いずれもがその遠近法をもっており、このおのれの遠近法を規範としてその他すべての衝動に強制したがっているのである。（ニーチェ 1993：27）

ニーチェによれば、それぞれの「眼」から、それぞれの欲望に応じて、人間は世界を見て、解釈しているだけで、真実はそもそも存在しない。ニーチェは、パースペクティヴの多元性、すなわち相対主義を問うたのである（田島 1996）。

生の哲学としてのニーチェのパースペクティヴィズムは、人間だけに限定して語られている傾向にあるように思われる。その点を補正し、異種間に生じるパースペクティヴィズムという今日的な議論に開いていく上で、「眼」に着目することは欠かせない。

今から5億数千年前のカンブリア紀に、「眼」を持ち、視覚を宿すようになった生物は、生存競争において優位に立った。眼を持つ三葉虫は、外界の環境を識別することが可能になり、捕食を有利に進めることができるようになったのである。逆に、捕食される側からすれば、捕食されないように、体表を覆うことや、周囲と見紛うくらいに体色を変化させるといった進化を促すことになった。その意味で、生物の進化とは、「眼」の奪い合いであったのだと言える（パーカー２００６：甲田２０２２）。

生物はある固定した観点から世界を見ることだけでなく、相互作用する他種のパースペクティヴを自らが取り入れることによって、世界を眺めることに展化したのである。それは、「眼」の奪い合いの歴史であったのだと言えるだろう。

生態的課題を達成するための「実用的」パースペクティヴィズム

文化人類学者エドゥアルド・コーンは著作『森は考える』で、その点に気付いている。コーンの主題は、人間以外の生物の「思考」であり、あらゆる生物は多種のパースペクティヴに拠りながら「思考」する。

木の枝のような昆虫ナナフシは、トリなどの捕食者から見て、周囲の木枝と区別がつかないように擬態する。幽霊のようにその背景に溶け込むため、その学名は〝Phasmatodea〟（ファントムのような生物）である。個々のナナフシが捕食者のパースペクティヴに立って自らがいかに見えるかを意識しているとは断定できないが、捕食者に気付かれなかったナナフシの系統が食べられなかったため、今日まで生き残ったのである。それらは、捕食者のパースペクティヴに立って、枝切れのように見えることに成功したナナフシの子孫だと言えよう。

相手が何を見ているのかを先回りして考え、自らの行動を制御する。生物は、進化の時間の流れの中で、そのようにして、捕食という目的を達成したり、捕食されたりしないように工夫してきたのである。捕食者と被捕食者の「眼」の奪い合い。パースペクティヴィズムの基本は、それがとりわけ、捕食者と被捕食者のあいだで作動することである。

この点に関連して、ヴァルター・ベンヤミンの「模倣」に関する指摘は示唆的である。ベンヤミンは、類似を生み出す最高の能力を持つのは人間だとしながらも、その能力の淵源には、自然の中に諸々の類似を生み出す、生物の擬態があったことを仄《ほの》めかしている（ベンヤミン１９９６：76）。生物は食べられないように、生物進化の過程で、自分がどう見られるべきかを操作してきた。そのことを、動物行動学者・日高敏隆が取り上げるカミキリムシとチョウの事例から考えてみよう。

カミキリムシは、後翅《こうし》だけで飛ぶ。カミキリムシの中には、トリに捕食されないように、ハチに擬態しているものもいる。ハチに擬態したカミキリムシは、通例に反してハチのように翅を閉じて飛ぶため、捕食者から見ればハチが飛んでいるように見える。日高は言う。「そうなると、このカミキリムシは自分がハチになっていることを『知っている』ことになりますね」（日高×観世１９８１：１８３）。

トリが吐き出してしまうほど、不味いチョウがいる。それは悠然と飛ぶ。一方で、それとそっくり擬態したチョウがいる。本来はすばやく飛ぶが、擬態したチョウをまねて悠然と飛翔する。ところが、日高がこのチョウを捕まえられずに逃がすと、たちまち本性を露わにして、ものすごいスピードで逃げていくという。

果たして、ハチに擬態したカミキリムシは自らハチをまねていることを知っているのだろうか？　不味いチョウに擬態したチョウは、自分がまねをしていることを知っているのだろうか？　そうしたことを日高は不思議に思っている。

ところが、右で見てきたように、虫たちもまたパースペクティヴィズムを作動させているのだと考えれば、この日高の疑問に答えることができるだろう。虫たちは、潜在的な捕食者から逃れるために、捕食者から自らがいかに見えるのかを「思考」する。

こうした議論を踏まえれば、ベンヤミンに倣って、パースペクティヴィズム理解の根本的転換が図られねばならないことになる。パースペクティヴィズムの原点にあるのは、捕食に関わる生物の行動である。被捕食者と捕食者の「眼」の奪い合いこそが、パースペクティヴィズムの出発点にあるのだと言えよう。

それは、生態的な課題を達成するために行われているという点で、「実用的」な面を多分に孕《はら》んでいる。パースペクティヴィズムは、人間以前の段階で、「実用的」なものとして始まったのである。

右で見たパースペクティヴィズムは、「非人間に対する非人間による」パースペクティヴィズムとでも呼びうるものである。以下で「非人間に対する人間による」パースペクティヴィズムを考察する前にもう一つ触れておきたいのが、「人間に対する非人間による」パースペクティヴィズムである。ここでは、コーンによるウーリーモンキーの事例を取り上げてみたい（コーン2016）。

ある時、エクアドル東部のアヴィラの森で、人間が引き起こした衝撃音が、樹上のウーリーモンキーに危険が差し迫っていることを知らせた。その衝撃音が人間によってもたらされたとウーリーモンキーが考えたかどうかは知る由もないが、ウーリーモンキーはその爆音を記号として受け取って退いたのである。衝撃音は、人間が狩るために狙いを定めやすくするために、ウーリーモンキーを見晴らしのいい別の木に移動させようとして立てられたのだった。

ウーリーモンキーもまた、人間（相手）が何をしようとしているのか、現象が何をもたらすのかを解釈したことになるだろう。そこでは、ウーリーモンキーが頼ったのは、視覚ではなく、聴覚であった。その点で、パースペクティヴィズムはたんに視覚だけでなく、その他の感覚にまで広がった中で作動する。飛び退く前に自らを襲ってくる人間のパースペクティヴを想像したのだとすれば、ウーリーモンキーもまた、パースペクティヴィズムを作動させていたのだと言える。ここまで来るともはや当たり前のように思えるのだが、動物もまた、人間がいかに行動するのかを先回りして「思考」し、行動する。

異種間パースペクティヴィズム

ところで、パースペクティヴィズムが現代人類学のテーマとなったのは、エドゥアルド・ヴィヴェイロス・デ・カストロがアメリカ大陸先住民社会の「宇宙論的」パースペクティヴィズムを取り上げてからのことである（ヴィヴェイロス・デ・カストロ２０１６）。ヴィヴェイロス・デ・カストロによれば、動物や精霊は自らを人間と見ている一方で、われわれ人間のことを非人間的な存在と見ている。それらは、自分たちの家や村にいる時には、自らを人間の姿をしていると、アメリカ大陸先住民は把握しているのだという。現代人類学で扱われるのは、こうした「非人間に対する人間による」パースペクティヴィズムである。

動物たちは、彼らの食べ物を人間の食べ物として見るとアメリカの先住民は言う。「ジャガーは血をマニオク酒として、死者はコオロギを魚肉として、ハゲタカは腐敗した肉に湧く蛆《うじ》を焼いた魚肉として」見る（ヴィヴェイロス・デ・カストロ２０１６：43）。また、動物たちは、毛皮や羽毛、鉤爪、嘴《くちばし》などの自らの身体的な特徴を、文化的な装飾品や道具として、さらに、自らの社会体系を、首長やシャーマン儀礼、婚姻規則などの人間的な諸制度と同じように組織されたものとして見ている。

フィリップ・デスコラもまたアメリカ大陸先住民のパースペクティヴィズムに関して述べている。「ジャガーはマニオクのビールを飲むように喉を鳴らして血を飲み、ツリスドリはクモザルを追い立てているると思っているが、人間から見るとそれはバッタでしかなく、ヘビは自分の好きな獲物はバクであると考えているが、実際にはそれは人間である」(デスコラ2019：35)。先住民たちにとって、冠毛は動物にとって羽飾りのついた王冠であり、毛並みは衣服であり、嘴は槍であり、爪はナイフなのである。

こうした「存在論」こそが、パースペクティヴィズムに他ならない。デスコラによれば、「知覚的に目まぐるしく変化するアマゾニア的宇宙観は、人間が「地球外の」シリウス的観点に立つことを認めず、世界についての多様な経験が矛盾せずに同居しうることを主張するような存在論を生み出す」(デスコラ2019：35)。世界に住まう存在者にとっての共通の指示対象は、条件としての人間性なのである。

哲学者・清水高志は、人間や動物などに注目しながら、外部に置かれた不変のモノを特権化せず、総当り的な相互牽制や相対化の仕組みを重視するパースペクティヴィズム論に注目している。「パースペクティヴを持つということは、パースペクティヴの主体としての位置が、他のアクタントと容易に入れ替わりうるという、この不安定さと引き換えに生じる現象なのだ」(清水2017：22)。そこでは、パースペクティヴを持つ立場がサッカー・ゲームのボールのようなものでもあり、ボールとしての「眼」を奪い合うことになるというのだ。

これに対して、すでに述べたようにコーンは、同じくアマゾニアに住むルナのパースペクティヴィズムを取り上げている。コーンによれば、ルナのパースペクティヴィズムは、「生き延びていくという難問への応答」（コーン２０１６：１７０）である。ルナのパースペクティヴィズムは捕食すること、捕食される（捕食されない）ことに「実用的」に関わっている。その意味で、コーンの言うパースペクティヴィズムとは、ヴィヴェイロス・デ・カストロやデスコラらによるアメリカ大陸先住民諸社会の抽象モデルではなく、捕食と被捕食に関わる「実用的」パースペクティヴィズムのことを指している（コーン２０１６）。

あるルナの男は、川の岩の下に潜むヨロイナマズが気付かないように、ショウガの一種の果実を砕いて、手を濃い紫色に塗っていた。人間は、手の動きが見えないようにナマズに接近して捕まえる。人間が魚のパースペクティヴを先回りして用いている点で、そこでは、「実用的」なパースペクティヴィズムが作動している。ルナはまた、トウモロコシを食べに来るメジロメキシコインコを追い払うために、インコが恐れる猛禽類の目と顔を板の上に彫って、「インコ嚇かし」（案山子《かかし》）をつくる。それはトウモロコシ畑に置かれ、毎年たくさんのインコを追い払うことに成功する。インコは、猛禽類が襲ってくるに違いないと解釈して、それが置かれたトウモロコシ畑に近付こうとはしない。ルナは、インコのパースペクティヴに立って、つくられたインコ嚇かしが猛禽類に見えることを知っている。

人間は、ナマズのパースペクティヴに注意を払いながら、自らの生態的な課題を達成する。また、栽培した食糧を横取りされないために、インコのパースペクティヴに立って、インコの行動を制御するのだと言えよう。「宇宙論的」パースペクティヴィズムにせよ、「実用的」パースペクティヴィズムにせよ、こうしたパースペクティヴィズムは、これまで見たアメリカ先住民諸社会だけでなく、より広く世界中の人間社会に広がっている。

マレー半島の先住民チェウォンでは、カンナ（カンナ科の花）の一種を食べるとされる精霊は、その植物をサツマイモと知覚しており、人間がカンナを伐採していても、サツマイモを掘り出すヤマアラシに見えているという。精霊は、家屋の下で糞便を食べているイヌはバナナを食べていると見ている。また、ゾウどうしには互いが人間に見えているという（デスコラ２０１９：50）。

レーン・ウィラースレフによれば、シベリアのユカギールの狩猟者は狩猟前日の夕刻から、「目に見えない」次元で、獲物であるエルクを「誘惑」し始める。狩猟者はウォッカなどの舶来品を火中に投げ入れ、エルクの支配霊を淫らな気分にさせて、夢の中で性的に結ばれる。翌朝に狩猟者が、エルクの皮で覆われたスキーを履いてエルクのような音を出し、よたよたと揺れ動きながら前進してエルクを模倣し始めると、性的興奮の絶頂を期待して、エルクが狩猟者めがけて走り寄ってくるという。狩猟者はエルクを十分に引きつけておいて、最後の瞬間に銃で撃ち殺す（ウィラースレフ２０１９）。ユカギールの狩猟者は、獲物をまねて獲物に「なる」ことだけではなく、獲物をしとめなければならないことを意識し続けるという、二重のパースペクティヴを同時に達成することが重要であると、ウィラースレフは指摘する。つまり、模倣する主体（人間）と模倣される客体（エルク）の二重のパースペクティヴの同時達成によって初めて狩猟者は狩猟に成功する。

ここでは、チェウォンのような「宇宙論的」なものにせよ、ユカギールのような「実用的」なものにせよ、いずれにせよ、様々な先住民のパースペクティヴィズムにおいては、「眼」の奪い合いが行われていることが確認されよう。

プナンのパースペクティヴィズム

マレーシア・サラワク州（ボルネオ島）のブラガ川上流域のプナンのパースペクティヴィズムは、「実用的」な傾向がある。それは、生態的な課題を達成する上で作動する傾向が強い。

プナンは、ハイガシラアゴカンムリヒヨドリは、リーフモンキー（プナン名：*bangat*、学名：*Prebytis hosei*）に、人間が近付いていることを知らせるという。プナンはその鳥を「ジュイト・バンガット（プナン名：*juit bangat*、学名：*Pycnotus goiavier*）」と呼ぶ。和訳すれば、「リーフモンキー鳥」である。頭部は灰色、腹面が黄色い。リーフモンキー鳥という名前は、プナンによれば、その鳥がリーフモンキーを助けるために、人間の近くを飛ぶことに由来する。リーフモンキーは、リーフモンキー鳥の囀《さえず》りを聞くと、捕食者である人間が近付いていることを察知して、その場から人間とは反対方向に逃げ去ってしまう。リーフモンキーは、リーフモンキー鳥の囀りによって、命拾いをするのである。

リーフモンキー鳥は上空飛行し、囀って、捕食者である人間がいることをサルたちに伝えて、命を助ける。鳥の鳴き声は、人間だけが聞くものではなく、全ての動物が聞くことができることを、プナンは強調する。リーフモンキーは葉食性動物で、長い尾と長い腕を持ち、木の枝を駆け上り、駆け抜ける。リーフモンキーを含むコロブス亜科は多くの種子を食べて破壊する（コレット　２０１３：１００）。この霊長類の生態は、ヒヨドリたちの行動と交差する。ヒヨドリ類は、鳥類のうちでも最も重要な小型果実の種子散布者である（コレット　２０１３：99）。人間から見ると、ヒヨドリたちが樹上を飛翔していることがサルの存在を示すと同時に、サルが喧《かまびす》しく囀るヒヨドリたちに驚いて逃げてしまうことを言い当てている。プナンによれば、リーフモンキーは葉叢《はむら》に隠れてしまい、あっという間に木から木へと飛び去ってしまう。

プナンは、リーフモンキーやリーフモンキー鳥に世界がどう見えているのかを、彼らの狩猟行動の中に組み込んできたのだと言えよう。プナンには、他種のパースペクティヴを取り入れることによって、自分たちが見ているのと違う世界のありようを想像することが可能になった。そのことが、リーフモンキー鳥という不思議な鳥の名付けの中に刻みつけられている。

プナンのパースペクティヴィズムはこのように、彼らの狩猟・漁撈行動の中に顕著に見られる。幼少期の男の子たちはよく、シワコブサイチョウやサイチョウの鳴き声をまねて、そっくりかどうかを競い合う。そのような遊びはやがて20歳を超えて、男性が狩猟者として独り立ちするようになった折には、狩猟実践において役に立つ。

狩猟者は、樹冠の上を大きな羽音をさせてシワコブサイチョウが飛んでいると、樹上高くに駆け上って、樹洞や幹から枝の交わる部分などに座り、鳴きまねを始める。それは、シワコブサイチョウに「なる」ことでもある。鳴き声を聞いたシワコブサイチョウは上空を旋回しながら次第に近づき、狩猟者の前に現れる。十分に引きつけておいて、狩猟者は毒矢を吹き、あるいは銃撃して、シワコブサイチョウのとどめを刺す。

森の中でマメジカを見かけたり、その真新しい足跡を見かけたりすると、狩猟者は葉を折り畳んで草笛をつくって、ヒューヒューと物悲しい音色を森の中に響かせる。それを聞いたマメジカは、大抵その場に戻ってくる。頃合いを見計らって、狩猟者はマメジカをしとめる。

乾季に木舟で川の漁に出かける時、漁師は掌に収まる大きさの小石を川原でたくさん集めて、カヌーの舳先に置いておく。魚が倒木の下や流木の間に隠れていると見越して、小石を10メートルほど離れた舟の上から放物線を描くように川中に放り込む。あるプナンは、魚に食べられる木の実に「なる」感覚で、小石を投げ入れるのだと語ったことがあった。そのあいだ、舟はゆっくりと前進する。漁師は投石すると直ちに手に網を持ち、投網をして魚を捕まえる。

このような狩猟や漁撈《ぎょろう》の実践では、人間は対象となる獲物のパースペクティヴに立って、獲物そのものか獲物に食べられる植物に「なる」。同時に、獲物の観点から、自分がどう聞こえるのか見えるのかを意識する。プナンは、仲間のトリが鳴いていると聞こえるようにトリを模倣し、仲間のシカが鳴いていると聞こえるようにシカを模倣し、木の実が落ちてくると魚に見えるように小石を投げ入れる。

人間が獲物を、能動的に狙って捕まえるのではない。獲物の立場から人間がどう聞かれるのか、どう見えるのかを意識しながら、人間は自らの捕食行動を組み立てる。

これらはいずれも、糧を得るための人間による非人間の模倣であった。トリ、シカ、魚に対して、そのものあるいは食べようとする植物をまねるわざを用いて、プナンは生態的課題を達成しようとする。狩猟および漁撈実践の場面で、獲物である非人間に「なる」ことを経て、そこから一転して、本来の人間へと立ち戻って、獲物をしとめようとする。

「水」のパースペクティヴから現代世界を見る

パースペクティヴィズムは、プナンのように生態的な課題を「実用的」に達成する以外に、私たちの暮らしの中で、応用的に用いることができるのかもしれない。本章冒頭で見た小説やエッセイに見られる二つのパースペクティヴィズムは、実践的なパースペクティヴィズムの一種の応用だったと捉え返すことができる。

パースペクティヴィズムはまた、他者のパースペクティヴィズムから世界を見る方法としてより広く応用可能である。ここでは最後に、人間が非人間に「なる」ことで、非人間の観点から世界を捉える方法を紹介しよう。

2022年3月、有志4名は、東京都内に雪が降った日の翌朝、奥秩父・入川渓流観光釣場から林道を歩き、積雪で確認できなかったが、「荒川起点の碑」の周辺にたどり着いた。そこで「水」になった。川の流れとじっと見つめて、精神的に「水」になった。水のパースペクティヴを携えて、そこから途中車を使いながら、荒川を2日かけて173キロを東京湾にまで下ってみようというのが、その企画の目的であった。

われわれは、二瀬ダム、秩父湖を経て、埼玉県立の川の博物館で荒川をめぐる展示を見て、現在建設中の「荒川水系第二調節池」と、それに先立って1997年につくられた「荒川第一調節池（彩湖）」を巡った。それらは首都圏の住人に水を届ける利水機能、首都圏を洪水から守る治水機能を担っている。人間とは、力を合わせて途轍もないことを成し遂げる存在だと実感した。

荒川をさらに下り赤羽では、新旧の「岩淵水門」に立ち寄った。1910年に甚大な被害をもたらした荒川の氾濫を機に下流域の改修計画が策定され、「荒川放水路」と呼ばれる人工の川がつくられた。その起点が旧岩淵水門であり、老朽化によりそれは新水門に建て替えられた。隣接する「荒川知水資料館アモア」では、放水路建設により川岸・水路が掘られ、流域が開発されていった様子が展示されていた。

荒ぶる川の水が水門によって制御されたため、下流域には水害の心配が少なく、社会経済活動を安定的に行うことができる都市空間が出現した。鉄道がとおる鉄橋や高速道路といった構造物が建造され、周囲にはビルやマンションが立ち並び、荒川水域には一千万人近くの人間が住む空間が出現したのである。人の手によってつくられたインフラストラクチャーが、巨大人口が住まう空間とそこでの暮らしを可能にしたのである。

「水」のパースペクティヴから眺めると、水の利用と制御が、人間にとって、とりわけ首都圏に住む人々にとって、とても大切なことだとされてきたことが分かる。言い換えれば、人間の住む空間そのものが、人間本位に、人間のためにつくられてきたという点がくっきりと浮かび上がる。他者のパースペクティヴに立って、自分たちが見ている世界とは違う観点から世界を捉えるパースペクティヴィズムは、生物進化や先住民の存在論の枠を超えて、私たちが世界理解を進めるためのとても豊かな道具でもあるのだと言えよう。

参考文献

●ウィラースレフ、レーン　2018『ソウル・ハンターズ：シベリア・ユカギールのアニミズムの人類学』奥野克巳・近藤祉秋・古川不可知共訳、亜紀書房。
●ヴィヴェイロス・デ・カストロ、エドゥアルド　2016「アメリカ大陸先住民のパースペクティヴィズムと多自然主義」近藤宏訳『現代思想（総特集：人類学のゆくえ）』44（5）：41～79、青土社。
●甲田烈　2022「井上円了とパースペクティヴィズム」『井上円了センター年報』30：71～106。
●コーン、エドゥアルド　2016『森は考える――人間的なるものを超えた人類学――』奥野克巳・近

藤宏共監訳、近藤祉秋・二文字屋脩共訳、亜紀書房。
●コレット、リチャード・T.　2013『アジアの熱帯生態学』長田典之・松林尚志・沼田真也・安田雅俊共訳、東海大学出版会。
●清水高志　2017『実在への殺到』水声社。
●田島正樹　1996『ニーチェの遠近法』青弓社。
●デスコラ、フィリップ　2020『自然と文化を越えて』小林徹訳、水声社。
●ニーチェ　1993『権力への意志（下）』原佑訳、ちくま学芸文庫。
●パーカー、アンドリュー　2006『眼の誕生：カンブリア紀大爆発の謎を解く』渡辺政隆・今西康子訳、草思社。
●日高敏隆×観世寿夫　1981「対談・なりいる」『観世寿夫著作集二　仮面の演技』169~189、平凡社。
●ベンヤミン、ヴァルター　1996「模倣の能力について」『ベンヤミン・コレクション②エッセイの思想』浅井健二郎編訳、76~81、ちくま学芸文庫。
●松本清張　1965「一年半待て」『張込み　傑作短編集（五）』新潮文庫。
●村井理子　2021『全員悪人』CCCメディアハウス。

対談❷

狩猟採集民を知る

プナンに出会う、ムラブリに出会う

ボルネオ島のプナンとタイ・ラオスのムラブリ。ともに東南アジアに暮らす狩猟採集民ですが、似ている点と異なっている点の両方があります。そうしたことを、二人のフィールドでの体験や実践から見ていきます。

獲物がいない日本で吹き矢の実演

奥野　まず最初は狩猟の違いについて話しましょう。

プナンとムラブリは狩猟採集民なんですけれども。おそらくムラブリの人たちは、そんなに狩猟はしないんですよね。ベルナツィークの『黄色い葉の精霊』*1を読んでも、あまり狩猟に関しては書かれていません。狩猟道具があまりないということも書いていたように思います。

伊藤　槍とかパチンコというものを持っていますけど、20世紀ですね。最近は銃を使います。狩猟道具はそんなに充実してないですし、そもそも大型の動物は獲らなくて。モグラとかアナグマとか、そういう小型の動物を主に獲っていたという記述が本にはありますね。

奥野　プナンは根っからの狩猟民なんです。周囲に捕食獣はいないです。つまり人間を食べる動物というのはいません。ヒゲイノシシ、それからシカですね。大型獣だとそのあたりです。それからホエジカとか、さらにはサルですね。プナンは森の中の野生動物を全て食べます。サルはリーフモンキー、カニクイザル、ブタオザル、テナガザルの4種がいます。あと、ヘビなんかも食べます。

早速ですが、ここでパフォーマンスを。ここは（画面の中は）私の自宅の部屋なんですけど、後ろの方を見てもらうと、吹き

*1　**ベルナツィークの『黄色い葉の精霊：インドシナ山岳民族誌』**
1968、大林太良訳、平凡社。オーストラリアの民族学者である著者が「黄色い葉の精霊」とよばれるピー・トング・ルアング族について紹介した本。この本でピー・トング・ルアング族として記述されているのが、ムラブリである

矢が見えると思います。吹き矢は、ちょっと分かりにくいと思うんですけども、1メートル90センチぐらいあります。実演をしてみようと思います。
プナンはかつては吹き矢と犬を使って猟をやってたんです。矢じり入れを腰に着けます。その中に矢を仕込んでおくわけです。矢を飛びやすくするようなものをつけています。矢は竹からつくります。矢を削って、先に毒を塗るわけです。今、毒は塗ってないですけれども、こういうものを使って狩猟するわけです。
ここに、用意した風船があります。私が画面の向こうからこの風船を動物に見立てて射てみます。(風船が)見えてますね。これを、矢で射て割ります。割れるはずです。吹き矢を吹いてみましょう。こんな感じで。分かるかな? 見えてるかな? 見えてますね。こんな感じで。実は木の上の大体20~30メートルぐらいの上のほうにいるサルやリスなどの獲物目がけて吹くんですが、今日は、部屋の中なので、ほんの1メートルくらいです。じゃあ、やりますよ。音が聞こえると思います。風船の結構大きな爆発音がします。

伊藤　おお。

奥野　あっ、失敗しました。近すぎて逆に難しい!(笑)。割れませんでしたね。

伊藤　もう1回やります?

奥野　ごめんなさい。もう一度やりますね。

《風船が割れる爆発音》

「吹き矢は1メートル90センチぐらいの長さになります」

「実際に見ると迫力がありますね」

「部屋に獲物はいないので、今日はこの風船を的にしてみます」

「じゃあ、やりますよ」

「すごい音がしました！」

伊藤　すごいですね。

奥野　（風船が）割れましたね。風船の爆発音が聞こえましたね。ということで吹き矢の実演をやりました。

伊藤　そもそも、吹き矢はどうやって学んだんですか？　吹き方は。

奥野　吹き方はプナンのやってるのをまねています。ただ、彼らは大体樹高30メートルぐらい上のサルなんかも、この吹き矢で射るわけですけれども。私はそこまで届かないです。せいぜい半分ぐらいです。

伊藤　半分もいくんですか？

奥野　半分、まあ、15メートルぐらいは飛びます。10～15メートルくらい。

伊藤　何か大学の講義棟で吹き矢を放って、その先がなくなってしまったということを聞きました。

奥野　某M大学の大講堂の動物関係のイベントでパフォーマンスをやったことがあって、天井まで飛ばしたら、矢が突き刺さったままどこかに行ってしまったのです。M大学関係者にはたいへん申しわけないことをしてしまったのです（笑）。将来、大講堂を解体したり、改築したりする時に矢が出てくるのではないかと思っています。プナンの狩猟道具の一つはそんな感じです。

あと、**山刀**（*malat*）もあります。山刀と、それからプナンの刀鞘には、必ず

プナンの山刀は漁撈の際にも使われる（撮影：奥野克巳）

伊藤　小刀（penaat）も付いてるんです。プナンは山刀とともに小刀もいつも携行します。二刀流なんですね。

奥野　はい、二刀流です。プナンには、鍛冶の起源神話があります。内陸に流れる川底から砂鉄を持ち帰って、自分たちで刀をつくったというのが起源神話です。プナンの居住地には、大体たたら場のようなものがあります。ふいごを使っています。近くに焼畑民が住んでいるんですけども、彼らは今でもプナンに刀を鍛え直してもらいに時々やってきます。プナンの山刀――私が今持っているのはそんなに大きくないですけども――は切れ味鋭く、それを用いて、ヒゲイノシシなんかを真っ二つにぶった切ったりするわけです。とても強靭な刀をプナンはつくります。プナンは、ボルネオの森のたたら衆なんです。

伊藤　ムラブリはどうですか、鍛冶技術に関しては。

奥野　ムラブリも実は製鉄技術はあるんです。それもふいごで、地面に穴を掘って、砂鉄からつくるというものなんですけども。玉鋼をつくる。ただ、鍛冶はしないんです。

伊藤　鍛冶はしないのですね。

奥野　だからそもそもどういうふうにその技術がきたのかとか、それをどういうふうに生かしていたのかがよく分からない。交易で鉄と何かを交換していたという話はあります。その鉄はどういうふうに利用されていたのかというのは、よく分かっていないんです。プナンではプナン自身が鍛冶をして刃物をつくるということですよね？

奥野　いまだにやってますね。

伊藤　いまだにやっておられる。ムラブリの場合は、製鉄のできるおじちゃんがもう亡くなってしまったので、（製鉄文化は）断絶してるかなという感じです。

獲れなかったブルース

奥野　そうですか。

ところで、さっきパフォーマンスの時にやろうと思っていたんですけれども、狩猟に行くと、獲物が獲れない時も結構あるんです。獲物がない時には、プナン語では「*Piah Pesaba*（ピア・プサバ）」と言うんですけれども、「獲れなかったブルース」とでも言うべきものが唱えられます。これは狩猟キャンプの近くにハンターが戻ってきた時に、獲物がなかった時にだけ唱えられる文句なんです。

ちょっとやってみます。大体こんな感じです。歩きながらなので、ステップを踏みながら歩いてきて、狩猟小屋に近付くとこんな感じで唱えます。

Iteu ulie amie padie melakau puun ateng menigen.
イトゥ・ウリーアミーパディームラカウ・プーン・アテン・メニグン

Saok todok kat selue pemine mena kaan uyau, apah panyek abai telisu bogeh keledet baya buin belengang dek ngelangi saok todok kaan panyek abai telisu bogeh keledet saok todok kaan baya buin belengang dek ngelangi.

サオク・トドック・カット・サルウォ・メナ・カーン・ウヤウ・アパー・パニェク・アバイ・テリス・ボゲー・クレデット・バヤ・ブーイン・ベレガン・デック・ンガラギー・サオク・トドック・カーン・パニェク・アバイ・テリスー・ボゲー、クレデット・サオック・トドック・カーン・バヤ・ブーイン・ベレガン・デック・ンガラギー

どういう意味かというと、「戻ってきたぜ、俺たちが死んだら残される子供たちよ、すまない、獲物が全然獲れなかった。何も狩ることができなかった。嘘じゃない。嘘をついたら父や母が死んでしまう。ブタのでっかい鼻。かつてヒゲイノシシだったマレー人。トンカチの頭みたいなブタの鼻。でっかい目のシカ。夜に光るシカの目。ワニ、ブタ、サイチョウ、ニワトリが鳴いてやがる」という内容です。

実はこの唱え文句の中に「デス・ネーム」が使われているんです。人が死ぬと、われわれ日本人は死者に名前を付けますよね。戒名あるいは法名を付けて弔いの対象とします。ところがプナンは、逆に生き残った人たちに名前を付けるんです。名前を付け替えるんです。それがデス・ネームです。デス・ネームは、人類学で使われる英語名ですけれども。彼らは「二つ目の名前、*ngaran dua*（ンガラン・ドゥア）」と言ってます。人が死ぬと、死者と親族関係がある人たちが名前をごろっと変えてしまうんです。

さっきの「獲れなかったブルース」の中に、デス・ネームが入っています。「戻ってきたぜ、俺たちが死んだら残される子供たちよ」というふうに訳しておきましたが。

デス・ネームを用いて、ハンターたちが子供たちに呼びかけるんです。お父さんは狩猟に行って獲物が獲れなかったわけですから、猟からの帰りを待っている子供たちのことを非常にかわいそうに思うのです。子供たちが何も食べることができないということを哀れに感じて、親である自分たちが死んだ時に子供が付け替えなければならない名前で、子供たちに呼びかけるのです。「ウヤウ」であるとか「アパー」というのがそれです。そういう語を入れながら、子供たちにひもじい思いをさせることに申しわけない気持ちを、ブルースにのせて唱えながら帰ってくるのです。

今度は伊藤さんから、何かムラブリについて披露していただきたいのですが。

ムラブリの生活

伊藤　では何かやってもいいですか。何か披露。何がいいんだろう。まずはモノ。バッグですね。これは〝ニョック〟と言うんですけど、ニョックは、葛でできていて、全部手でつくっています。面白いところが、分業しないんですよ。

手に持っているのが「ニョック」

全部一人でつくっちゃいます。糸をつくるとか、道具をつくるとか、塗るでも何でもそうです。この葛を使って同じようなバッグをつくっている他の民族もいます。クムといって、ラオスにいます。彼らも葛でバッグをつくるんですけど、分業するんですね。みんなで一斉に繊維を撚《よ》って、その後にみんなで一斉に編んだりする。工程をみんなでやるという感じです。ムラブリは全部の工程を一人でします。葛を採集するところから、撚るところ、編むところまで全部やる。そうするとバッグの形や大きさが定まらないですよね。不ぞろいになってしまう。

奥野　今思い出したんですけど、プナンはこれです。プナンは藤《とう》、ラタンのかばんです。〝**ブクイ**〟と言います。これは一人でつくります。

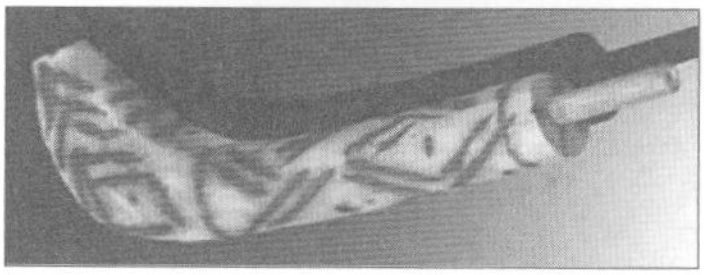

上：ブクイ（撮影：奥野克巳）
下：パイプ（撮影：鈴木友哉）

伊藤　分業しないんですね。

奥野　分業しないです。最初にラタンを採ってくるのは大体男たち。材料は男たちが採ってきて、あとは女たちが分業せずにやっています。

伊藤　ムラブリもそうですね。材料を採るところは男性も行くし、女性も行く。編むところは女性がメイン。面白いですね。あとこれが**パイプ**。この辺にたばこを入れるところがあって、こうやって吸います。男性も女性もたばこを結構吸います。プナンはどうです？　たばことか吸われますか？

奥野　たばこは吸いますね。強烈な……市販のものじゃないたばこ。「tembakau（トゥンバカウ）」です。たばこの葉を干してつくった葉巻たばこです。焼畑民のたばこを、プナンは動物の肉や林産物などと交換していました。嗜好品です。葉っぱに包んで吸うのですが、強烈です。

伊藤　奥野さんも何度も吸われていますか。

奥野　吸いましたけども、合わないです。むせます。われわれが吸ってるたばこじゃない。オリジナルなものです。

伊藤　オリジナル。気になります。ぼくはあまりたばこを吸わないですけど、ムラブリとたまに一緒に吸ったりします。水たばこと言うんでしょうか。竹の筒に水を入れて、たばこを挿してボコボコボコボコと、みんなやっていて。

奥野　それはタイ人か、その周辺地域の習慣ですかね。山岳部はフモンですけど。

伊藤　そうですね。タイ人とかフモン、隣にいる民族がよくやっているものです。それをまねしてやっている感じです。あとこれは**竹の笛**です。ちょっとやってみましょうか。聞こえてますかね？

奥野　はい、聞こえます。

伊藤　これは指導していた学生がもらったものですが、森の中で迷子になった時に吹

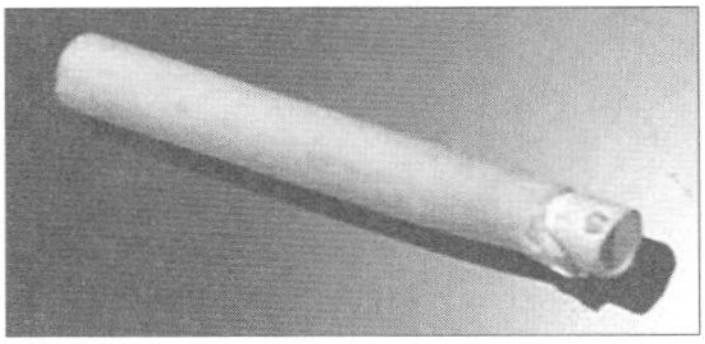

竹の笛
（撮影：鈴木友哉）

け、と渡されたものだそうです。長さの異なる笛を並べて音階をつくって楽器にすることもある。楽器みたいなものはありますか？　プナンは。

奥野　プナンは三つぁります。〝**サペ**〟という弦楽器です。弦楽器は焼畑民から入ってきたものです。プナンのオリジナルは口琴です。〝**イルット**〟。私も持っています。探してみたんですけど見つかりませんでした。それからもう一つは鼻笛です。ノーズフルート。プナン語は〝**クレンゴット**〟。ノーズフルートは非常にもの悲しい音がします。

　人が死んだら、その人の名前は言わない、言っちゃいけない。もしその人のことに言及しなければならなくなった場合には、棺に用いた木の名前を使って呼ぶわけです。控えめに表現する。対談❶にも出てきた「控えめ言葉」です。例えば「赤い沙羅の木の女」とか表現する。

　人が死ぬと、所持品は全部焼いてしまいます。死者の所有物を焼却して、死者のことを忘れようと努めるわけです。死者の名前も一切言ってはいけません。ただ、それゆえに死んだ人のことを余計に思い

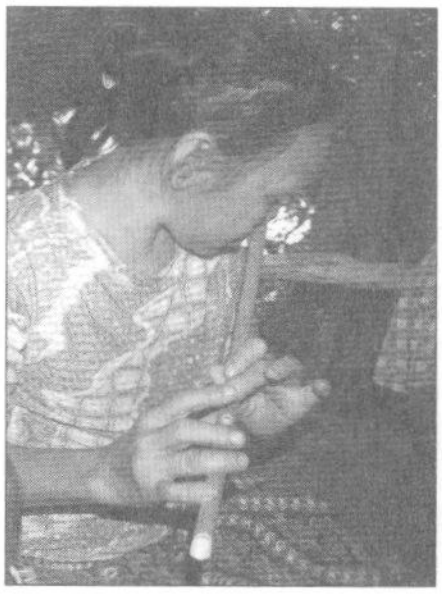

左から順にプナンのクレンゴット（鼻笛）、イルット（口琴）、サペ（弦楽器）
（撮影：奥野克巳）

出してしまうことがあるようです。例えば月明かりの夜なんかに、死んだ人のことが思い出されて悲しくなるんです。そういう時にノーズフルートを奏でるのです。死者のことを言語で表現してはいけない、死者のことを語ってはいけないがゆえに楽器が用いられる。鼻笛を使って、非言語のレベルで死者と交信するのです。

伊藤　プナンはそういう感情表現が豊かだなと、本を読んでいても思ったんですよね。奥野さんが帰れる時にみんなで涙していたり。それが共同体に共有されるというシーンがあって。いかに奥野さんがその場に受け入れられているのかというのも伝わってきました。ぼくの場合、何だかそういう感動的なシーンがなくて。ムラブリはもうぼくが帰るからと言っても、「うん、そうか」程度です。

ぼくのほうが何かないの？　と期待をすると、「行くなら行け（ジャックコジャック）」とムラブリ語で言われてしょげます（笑）。寂しくなるねと言われたことは一回もないです。そこら辺もちょっとプナンと違って面白いと思いました。

「今とここ」を生きている言語

奥野　言語の話のついでと言ってはなんですが、『サイゾー』の記事の中にもありましたが、ムラブリ語についてちょっとお伺いしたいと思います。「帰る」という表現だったかな？　完了形と未来形が同じだと言うんですね。

伊藤　そうですね。もう終わったということと、これからやるよという。英語だと「have done」と「be going to do」に近い表現がムラブリ語にありますが、どちらも同じ「ア」という表現なんです。帰るはムラブリ語で「ワール」です。「ア　ワール」と言ったらもう帰ったよという意味にもなるし、これから帰りますという意味にもなるんです。不思議ですよね。自分の解釈は、「今、ここ以外」という意味ですね。帰っている最中はただの「ワール」でいいんです。そうじゃない、その最中ではない、もう終わった。もしくはこれからやるという、その動詞の表す実際の部分以外は「ア」が付く、というふうに考えています。

奥野　プナン語で言うと――これはおそらくインドネシア語やマレー語も同じなんですけれども、例えば、プナン語で「帰る」は「mulie（ムリー）」です。それに「きのう」を付けて、きのう帰ってきたという過去を表す。あしたを付けてあした帰るだろうという未来を表現します。今、伊藤さんがおっしゃったムラブリ語の完了形と未来形が同じだというのは、ちょっと違いますね、性質が。

伊藤　ただ、動詞の変化で場面というのでしょうか、言語学ではアスペクトと言いますが、局面を表現しないという点は一緒なので、近いものはあると思います。ムラブリ語もあした行く、きのう行った……きのう行ったは「ア」が付く。あした行くは、なぜか「ア」が付かないんですよね。その辺はまだ説明できません。ただ基本的には「今、ここ」か「それ以外」で言い分けます。

奥野　つまり、「今とここ」を生きているということですね。

伊藤　多分そうだと思います。例えばあしたの予定を立てたいと思って、ムラブリにあした空いてる？とか聞くと、「いや、分かんない」と言われるんです、大体。あしたは分かんない、あしたまた来てと言われる。どっか行ってるかもしれないし、ここにいるかもしれないからというふうな言い方をされます。でもそれを日本でやったらびっくりされるわけですよね。「あした遊びに行こうよ」と聞かれて、「いや、あしたの予定分からんわ」と言うと、「いやいや、分かるだろ。スケジュール帳見ろよ」と言いたくなる。

奥野　私もプナンに入っていった時に、最初、子供たちに対して「将来何になりたいの？」みたいなことを聞いていたんです。子供たちは全然もうぽかんとして、答えないわけですよ。

伊藤　ですよね、きっと。

奥野　だから将来何になるのかということを聞くということ自体が、わりと近代以降の習慣ではないかと思っています。われわれは大体聞きますけれども、それはわれわれのナラティブですよね。将来何になりたいのかなど、プナンは全く気にしてない。彼らは、自己完結しています。都市に出稼ぎに行くことは一切なくて、森で完結するわけです。

それと、もう一つは時間軸というか、時間の観念が非常に薄いんです。将来的に何をするのかを考えないというのは、基本的には将来何をするのか、1年後に何をするのか、あした何をするのかみたいなことに関しては考えないということです。予定を立てないわけです。

農耕民なんかはわりとそこら辺——つまり収穫をするために種まきはいつやるんだというカレンダーが必要になってくるんですけども、狩猟民は基本的にいらないんですね。森の中に入っていって、そこにいる獲物を獲ることなどが基本であって、未来という時間軸の観念が先に伸びていかない。非常に短いんだと思います。逆に過去に関しても、彼らは深くは覚えてないですよね。系譜で言えば3世代ぐらいまで——お父さん、おじいさん、ひいおじいさんぐらいまで——しか名前を含めて覚えていません。時間の深度が浅い。死んだ人のことは言ってはいけないので、時間とともに忘れ去られていくというのもあるのですが。

そして過去を振り返って反省しない傾向にあります、プナンには、ごめんなさいという言葉もないですし。そのことも含めて、過去を振り返って何をやっていたのかということを気にしないのだと思うんですけども。いかがですか？　ムラブリは。

伊藤　ムラブリもそうです。

奥野　同じですか。

伊藤　上の世代、おじいちゃん、おばあちゃんはかろうじて言えるけれど、ひいおじいちゃん、ひいおばあちゃんになると「いたよ」とだけ答える（笑）。名前は覚えてない。面白いのが親族名称で、息子、孫まであるんですけど、孫の下を聞いていくと、またおじいちゃんになるんですね。

奥野　繰り返すわけですね。

伊藤　そうです。サーキュラーな感じなんです。だから直線的というよりは、巡っているというイメージなのかなって、そこから考えたりします。

時刻が合っていない時計が好きな人々

伊藤　それと、時計ですよね。みんな時計が好きですよね。

奥野　時計好きですね。

伊藤　ぼくが時計を着けていると、時間を聞いてくるんですよね。

奥野　プナンも聞いてきますね。

伊藤　「おまえの（時計は）今何時だ」って。ぼくが「2時だよ」と言うと、「ああ、そうか」って、自分の時計を合わせているという。

奥野　同じです、プナンも同じ。彼らの時計の時間があるわけですよね（笑）。

伊藤　そうですね。大体合ってないという。

奥野　彼らの時計は大体合ってないんですよ。私の時計、つまりおまえの時計で今何時だって聞いてくる。時計の時間には、プナンの時間と私の正しい時間がある（笑）。私のほうが正しいんですよ。そうするとみんなそれに合わせるわけです。

伊藤　そう、ぼくに合わせてくるんです。

奥野　ただそれだけのことなんですけどね！

伊藤　なぜかみんな（時計を）持ちたがるんですよね。

奥野　持ちたがりますね。

伊藤　森の中に行って時間を気にすることはありません。やっぱりないものねだりというのは一つあると思うんです。時間を知ってるというのは「高級」だし、数字が分かってる俺かっこいいという感性があるんじゃないんでしょうか。

奥野　ファッションとして身に着けている可能性もありますよね。一つの現代人の身だしなみみたいなものをテレビとかで見て、着けているということもあるかもしれないですね。

伊藤　プナンはテレビが見られるんですか？

奥野　プナンは共同体の1軒にテレビがあって——ジェネレーターを使っていて、そこに見に行きます。ただ油がある時、油を買える時は、ということです。ジェネレーターもよく壊れます。

伊藤　ムラブリも一世帯だけ、村長の家にしかテレビはなくて、みんなわあっと来る。夜になると見に行くんです。

世界初のセッション！　ムラブリ語とプナン語のダイアローグ

奥野　さて、言語の話の続きで、ちょっと伊藤さんと一緒にムラブリ語とプナン語で対話してみようという、むちゃな世界初の企画を考えています（笑）。

伊藤　そうか。そういえば世界初ですね。

奥野　世界初かどうか、多分誰もそんなヘンテコなことをやったことがないだけなんじゃないかと思うんですけれども。それをちょっとやってみたいと思うんです。お腹が減ったやつからやりましょうか。私のほうからいきますね。

奥野　Buat Nyi?
ブアットゥ・ニィー

伊藤　Mm, méh éh
ンー、メェエェ

奥野　Melau akeu, iyeng puun riggit.
メラウ・アク、イエン・プン・リギ

伊藤　Oh kó hlak satang hlak
オォ コ フラック サタン フラック

奥野　Akeu ju kaau alee mii sadin tong kedai ineh.
アク・ジュー・カアウ・アロウ・ミー・サディン・トン・ケダイ・イナ

伊藤　Oh tăng satang hlak ni méh sŭ kóbó 'day
オォタン サタン フラック ニ メェ スー コボダイ

奥野　Aduh, Mate akeu melau.
アドゥー、マテ・アク・メラウ

伊藤　Katang jak gweng bri' ado'di pë' ci'dë ca'dë kalë
カタンジャックグェーンブリッアドディープチドゥーチャドゥーカル

奥野　いい具合にカオスですね、これ（笑）。

伊藤　いいですね。やっぱり奥野さん、全然違う人みたいでした。

奥野　そうですか。伊藤さんもそうですよ。違う人格が入ってきてる。ムラブリが入ってました。

伊藤　なんだか距離が近かったですね。

奥野　そうですか。

伊藤　何となく。

奥野　どういう話をしていたのかということですけど。ちょっと解説をそれぞれにしたいと思います。最初は私が言ったものから。プナンはあいさつがないんです。おそらくムラブリにもあいさつ語はないと思うんですけれども。

伊藤　そうですね。

奥野　「こんにちは」とか「おはよう」とかがないと思うんですけれども、プナンもないんですね。プナンは「やあ」とかあいさつに似たようなことがないわけではないんです。例えば元気か？ということを言う時には、「勃起してるか？」って聞く場合があるんです。「Buat Nyi?」。

伊藤　ぼくはそう聞かれたわけですね。

奥野　ブアットというのは長い、ニィーというのはペニスです。長いペニス。元気か？　さもありなんですよね（笑）。

伊藤　男性にだけですか？

奥野　そうです。

伊藤　まあ、そうですよね。

奥野　それを最初に聞いたんです。

伊藤　ぼくは勃起してはいなかったですね（笑）、「うん」と言ってましたが。で、「あなたは？」と聞いたんですね。

奥野　なるほど。本当は何て言ったのかというと、「お腹が減った。でもお金ない」と言ったんです。

伊藤　ぼくは「ぼくもないです。お金ないです」。

奥野　このお金というのは、プナン語では「リギ」と言うんです。マレーシアの通貨の単位がリンギなんです。それをプナン発音で「リギ」と言うんです。彼らにとってお金という抽象概念は存在しません。リギは、さしずめ「円」です。「円」はないんだと言ってる感じです。ムラブリ語ではどう言いますか？　お金というのは。

伊藤　ムラブリ語は「サタン」と言うんです。タイはバーツという貨幣単位ですが、ムラブリ語でバーツと言っても貨幣の意味になりません。「コイン」を意味するサタンで貨幣を言い表します。コイン、具体的な貨幣ですよね。「お金がない」は「コインがない」という言い方しかできないです。

奥野 伊藤さんの返答は、お金がないということだったんですけれども、お腹が減ってるので、私が言ったのは「君に、あそこの店で缶詰とラーメンを買ってほしい」。これは、雑貨店の前をとおる時に、彼らがよく私に言う言葉なんです（笑）。

伊藤 よく言われるんですね、こうやって。

奥野 しょっちゅう言われるんです。

伊藤 ぼくは「ぼくもお金がないって言ったでしょ」と返すんですね。「だから買えません」と。お金はないと言ってるのに、買ってと言われたから。ちょっと何言ってんだと言い返してみました。

奥野 私がプナン語で答えたのは、これも彼らがよく言うんですが、金がないと言ったら「お腹が減って死んじゃう」みたいなこと言うわけです。

伊藤 そこへ「じゃあ、森へ狩りに行こうか」。「何かあるかな、ないかな」というふうに、返しました。

奥野 そんな感じですね。もう一回だけ別のシチュエーションでやってみましょうか。今度はムラブリ語から。伊藤さんのほうから話をしてもらって、それに私が答えます。

伊藤 はい。では、いきます。

伊藤　M'ün mé' hot kalë, kóbó hot kalë
ムウーン メッ ホットカル コボ ホットカル

奥野　Mukin taop tee.
ムキン・タオプ・トー

伊藤　Oh jak gweng kalë, kóbó jak kalë
オォジャックグウェーンカル、コボジャックカル

奥野　Iyeng naat uban mabui daun tee pun tae naau iyeng?
イユン・ナート・ウバン・マブイ・ダウン・トー・プーン・タエ・ナーウ・イユン？

伊藤　I'oy, kalam du méh, jak kó jak, kóbó jak kó kóbó jak
イオーイ、カラム ドゥ メェ ジャック コジャック エボジャック コ コボジャック

奥野　Ami iyeng kuman beseu tae naau sawit sagam.
アミー・イユン・クマン・ブス・タエ・ナーウ・サウィット・サガム

伊藤　Méh güt domóy, oh kimén paluh déh
メェグットドモイ、オォキメーン パルゥデェ

奥野　Jian.
ジアン

奥野　イントネーションが非常に独特な感じがするんですけれども。そのことについては後からお伺いしようかな。ちょっと意味だけ最初に聞いていきましょう。

伊藤　最初に「M'ün mĕ」、「あした雨かな？　雨じゃないかな？」。この日本語の「かな？」に相当する「kalë」という表現を多用したんです。Aかなっていうか、Bかなというのをムラブリは多用するんですよね。断言しないです。それであしたは雨かな？　雨じゃないかな？　という言い方をよくするんです。

奥野　それは面白い。私は「あしたは、おそらく夕方雨だよ」と答えました。

伊藤　そうしたら、「ぼくは、じゃあ狩りに行くかもしれないし、狩りに行かないかもしれない」。ここでまた濁すわけですね。

奥野　ムラブリは、あんまりはっきり言わないんですね。

伊藤　言わないです。

奥野　私は「雨だとイノシシの足跡が見えなくなるけど、行くの？　行かないの？」と、煮え切らない返事に対して行くのか行かないのかみたいなことを聞いたんです。

伊藤　それに対してぼくは「分からない」が多い。僕も分からないってよく言われるんです。「kalam du meh（カラム ドゥメェ）」もよく言われる。「あなた次第だ」。行くなら行くし、行かないなら行かない。断定しないです。

奥野　はっきり言わないんですね。私は、これもプナンがよく言うわけですけども、「最近お腹いっぱい食ってないから、あしたアブラヤシ農園に狩りに行こう」と言いました。

伊藤　行くというのに対して、「あなたが自分でそれを考えてね」と。これは意見なので、その後に「私は怒ってないよ、本当だよ」というふうに付け加えています。自分が誰かに意見する時は、怒ってないんだよということを必ず言う。ムラブリのあいだでも言うし、ぼくに対してもよく言いますね。

奥野　怒ってるみたいに聞こえるんですかね。そうじゃないということを言っておく、付け加えておくって感じですかね。

伊藤　そうですね。怒るということは悪い何かを生むというふうに考えているみたいです。

奥野　最後に私は「分かった」と言ったんですけども……言葉からムラブリとプナンの違いが浮かんできました。

　ところで、さっきちょっと言っていたムラブリのイントネーションですよね。これがムラブリ語ではとても特徴的な感じがするんです。

伊藤　ムラブリ、ぼくはこのイントネーションが好きでムラブリ語を研究しようと思ったんです。ラララララー♪と、最後裏声になってちょっと伸びる特徴があって。特に女性は本当に高いから、歌っているみたいなんです。

奥野　映画（『森のムラブリ』）でもそうでしたよね。これは世界の言語でいうと珍しいんでしょうか。

伊藤　珍しいです。普通は文が進むとだんだん声が低くなっていく。それは使える息が少なくなるから仕方なく、声帯の振動数が下がるので、それが自然なんですよね。ムラブリ語はそれに逆らってどんどん上がっていく。これは、よりエネルギーが要ることですから、珍しいんです。でもムラブリ語は逆らって高くなっていく。あの地域一帯でもムラブリ語だけじゃないでしょうか。

奥野　それに関しては、どういうことが考えられるんでしょうか？　エネルギーを絞り込んでいくというか、だんだん少なくなっていく形でわれわれはしゃべっているわけですね、普通は。

伊藤　そうですね。疲れないしゃべり方のほうがいいという前提があるようです。

奥野　ムラブリ語がその逆をいくというのは、どういう理由が考えられるのでしょうか。

伊藤　まず、あまり、しゃべらないというのが一つあるんですよね。ムラブリはあまりしゃべりません。特に森にいる時は静かです。もし、しゃべるとしたら狩りの時などで、相手が遠くにいる時に語りかけるんじゃないかなと、ぼくは思っていて。さっきムラブリ語をしゃべったら遠くにしか話せないと言いました。遠い人に向けて話すのがムラブリ語だと考えると、高い音を出したほうが遠くまで届きやすいのかもしれないとは思います。

奥野　面白いですね！　何か聞こえたなと思ったら、それが継続して届くような形で、遠いところにメッセージを送るということをやっていた可能性もあるわけですね。森の中で。

伊藤　はい。実際に狩りに行った時には、そういう感じなんですよね。何個かのグループに分かれて、コミュニケーションを取る時は、結構大きな声で話します。

奥野　面白いですね、それは！　さて、あっという間に、終了間近になってしまいました。いくつか質問をお寄せいただいてますので、ここで取り上げてみたいと思います。

質疑応答

Q. **プナンやムラブリの方々には時間という概念はあるのでしょうか？**

奥野　これは先ほど少し言ったんですけども、プナンは時間概念が非常に薄いということが言えると思うんです。ムラブリはいかがですかね、同じでしょうか？

伊藤　薄いです。時間という言葉、単語もないですし。時間を守るとかスケジュールとか、そういう直線的な時間感覚は持ってないんじゃないですかね。

奥野　ムラブリはかつて農耕民だった人たちが森の中に入って、狩猟民になったというふうなことがＤＮＡ鑑定か何かで分かってるみたいなことを聞きましたが。

伊藤　ええ、そうなんです。ＤＮＡの研究でミトコンドリアＤＮＡ——母親から代々受け継ぐＤＮＡの多様性がゼロなんです。つまり、「イブ」と呼んでいますけど、ムラブリの祖先はおそらく女性一人なんです。男性は二人ぐらい。男女合わせて三人ほどだった時代があると。これが大体５００年前から６００年ぐらい前というふうに考えられています。それって異常事態なんです。この時何が起きたのか、いろいろ仮説があるんですけど、総合的に判断するとある農耕民の大きい集団から森の中へ男女数名が抜け出て、新しい民族を形成していった、そういうふうに考えられるんです。農耕から狩猟採集民へ。進化論的な視点からいうと逆流ですが、文化的再適応という言い方をしています。プナンもそんな説があるんですよね。

奥野 説を出してる人がいるんです。いわゆる焼畑民だった人たちのうち、交易のために森の中に林産物を採りにいった人たちが狩猟民になったという説が出されてるんですが、あくまで仮説です。DNAを調べたとか、そういう話は全然聞かないです。その意味で、科学的な検証は経ていないですが、プナンの振る舞いや思考法を見ていると、地球上の他の狩猟民にとても似ていると思います。狩猟民的なエートスを持っているのは確かだとは言えるんじゃないかなと思っています。

Q. **日本にいると当たり前に時間に支配されているように感じます。プナンやムラブリの方々と日本では時間に関して違いはあるのでしょうか?**

奥野 プナンは、時間に支配されてる感じは全くありません。もう一つ言えるのは、赤道直下なんで朝6時に必ず夜が明けるんです。夕方は7時に日が暮れます。日が長くなったり短くなったりしません。そういう時間感覚の中で生きている。これがもうずっと、とこしえに続くわけです。その辺も何か関わっているのかもしれません。日本では夏になると日が長くなり、冬になると短いわけです。時間の長短が、日本では、季節によっても変わりますよね。そのあたりがボルネオ島では全くないです。ムラブリはどうでしょうか。

伊藤　ムラブリは一応季節という言葉はあって、雨の季節と日が照る季節というぐらいの分け方をするんですよね。そこで雨の季節だと例えばタケノコがよく採れるとか、蚊が多いとか。日が照るとイモがよく採れるとか森にあるものの違いで語られることはあります。

奥野　プナンは……季節、彼らの季節という言葉は「葉っぱ」と同じなんです。「*daun*（ダウン）」。「*daun busak*（ダウン・ブサック）」と「*daun bue*（ダウン・ブオー）」というのがあります。つまり、「花の季節」と「実のなる季節」の二つがあります。それはいつ来るか分かりません。あるところで一斉に花が咲いていても、川を渡った向こう岸では、全然花が咲いていていない。一斉開花というんですが、赤道直下ボルネオ島の自然はとても気まぐれです。

　その「ダウン」という言葉が重要です。葉っぱを、季節を表す時に使うのに加えて、「もし何々であったら」という仮定を言う時にもダウンを使います。仮定法を表現するには、葉っぱを使うわけです。葉っぱというのが「if」なんですよ。「もし～ならば」というのは、葉っぱがこうであれば、と言っているわけです。ちょっと思い出しましたのでついでに。

伊藤　ムラブリ語は「もし」がないんですよね。

奥野　ないですか。

伊藤　専用の形式がない。英語的にいうと「when」で代用するんですよね。

奥野　面白いですね、それは。私たちの時間とプナン・ムラブリの時間の比較検討は、彼らの生き方を考える意味でも重要だと思います。

Q. **人類学では研究対象である民族にどれぐらい影響を受けるものなのでしょうか？　研究したいと思った時点で、すでにその人たちから影響を受けているとも言えるのではないでしょうか？**

奥野　まさにそうですね。しばらく行って住んでみたいと思うところは、そう決めた瞬間に、すでにもうそこの人たちに影響を受け始めているということも言えなくはないです。

ただ、やっぱり実際にそこで人々とともに暮らしてみることによって、多大な影響を受けるのでしょう。私の場合には、プナンに最初に一年間行った時には、何でこんなところに来てしまったのかと3ヶ月くらい経つまではずっと思っていました。私自身が持ち込んだ自分用の食料があるんです。ラーメンとか米を段ボール箱に入れて持ち込んだんです。

それらの食材を最初、プナンは「食べ物がないからくれないか」みたいなことを言って持っていくわけです。次第に厚かましくなって、そのうちに全部持って行ってしまう。ダンボール箱ごとなくなってしまうということも何度かありました。そんなことに居心地の悪さを感じたのです。でもそれは彼らの個人所有概念が無いことによるものだということを、後に次第に気付くわけですけれども。

やっぱり最初は、なんでこんなところに来てしまったんだろうか、日本で冷房の効いたオフィスで事務仕事なんかやっていればよかったのになと思ったりしたんです。でも逆に、一年経って日本に帰る前には、またあの地獄（失礼！）に帰らなければならないのかみたいに感じたのです。長期にわたって住み込むと、かなり心境の変化というのはありますよね。つまり、最初は嫌々だったのが、もう帰りたくないみたいなことになるわけです。最初の居心地の悪さから転じて、彼らの精神性を非常に心地よく感じるようになるのです。

影響を受けるというのはやっぱりそこに長く住み続けることによって、彼らの言葉から勉強して、インタビューするということでもなく、寝ながら聞いているというか、寝そべって彼らの話を聞いていると、ああなるほど、こういうことなんだなということが合点がいくようになるんです。そういうふうに、影響を受けるんじゃないかなと思うんです。伊藤さんはどうでしょうか？

伊藤

この質問に関しては。

どれぐらい影響を受けるか、ですよね。ぼくは言語学者なので、人類学者の人たちとは少し違うとは思います。言語学者といっても、いろんなタイプがいるかなと思っていて。言語学者の中で、ぼくのようなタイプは少ないかもしれないですね。言語を調べるといっても、一緒に住んだりする必要はなくて。例えば話者の人を街に呼んで、ホテルや大学で調査するというスタイルの人は多いです。ぼくみたいに村を訪れて、一緒に住んで、喋れるようになってから、調査をするという人は、手間もかかるし、少数派なんです。ぼくとしてはラボで調査するというよりも、自分でしゃべれるようになって、自分でどう感じ方が変わるだとか、そういうことも知りたかったので、こういうスタイルをとっています。もちろん、論文を目的とした調査票に基づいた調査もします。

けど、両方やると時間がかかるので、最近はあまりしていません。

Q. **多層と多元の話で、矛盾している要素を上から眺められるようになったのはどうしてなのでしょうか。何かきっかけがあったのですか？**

伊藤　多層と多元に気付いたきっかけですけど、ちょっと思い出せないですね。今振り返って思うならば、多層的な自分がいることに、論理的にたどり着けるわけです。ムラブリっぽい自分。時間なんかどうでもいい。約束をすっぽかす、そんな自分ですね。一方でこういうトークイベントには、ちゃんと時間内に来て、遅刻しちゃ駄目という自分もいて。両方いるということを自覚する。自覚できるってことは、その二つを切り替えている別の自分がいるはずだと論理的には考えられる。ただ、ぼくは論理的にたどり着いたわけじゃないんです。

奥野　経験的にということでしょうか。

伊藤　経験的に、そうした自分が行ったり来たりしているってことを自覚して。両方とも自分なんだと経験したのが先で。それを切り替えている自分がいるはずだ、それを言語化するとしたら次元という言葉に置き換えられると考えています。それはムラブリと日本を行ったり来たりしている自分を自覚し始めてからという気はします。奥野さんはどうですか？

奥野　フィールドに入る人類学者というのは、今から１００年ぐらい前にマリノフスキが現地に行って住み込んで調査をして帰って来て、民族誌を書くということを制度化したんです。これを近年になってひっくり返したのが、インゴルドです。

現地の人たち「について」、つまり「of」、現地の人たち「について」何かを言わなければならない、記述しなければならないという人類学が、マリノフスキ以降に制度化されました。「of の人類学」というものが、これまでの制度的な人類学だったわけですけども、インゴルドは、人類学とはそんなものじゃないと言ってひっくり返したんです。

人類学者は、現地に行って住み込んでずっと現地の人たち「とともに」いるではないか――つまり「with の人類学」こそが、人類学そのものの本質的なあり方だとインゴルドは見破ったんです。それは考えてみれば、至極当たり前のことなんですが。

インゴルドによれば、現地に行って、現地の人々「とともに」人間が生きることについて考えるのが人類学なのです。実際、人類学者はずっとそうやってきたはずなんです。これは人類学の自己イメージの大きな転換だった。

そうすると先ほど伊藤さんから話があったように、人類学は、厳密な科学じゃなくなるわけです。人々とともに人間の生について学ぶのですから、人類学はどちらかというと、アートに近いとインゴルドは言うのです。

データを持ち帰って単に民族誌を書くというのが、人類学ではないのです。人類学は、もっと「思弁的」で「実験的」であるべきで、現地の人たち「とともに」人間の生について学び、例えば詩をつくったり、小説を書いたり、もっといろんなこともできるはずなのです。映画『森のムラブリ』も、人類学的なフィールドにおける一つの作品として見ることもできる。人類学は科学じゃないのだし、「with」を重視し、つまり現地の人たち「とともに」いて、学ぶことを重んじるべきなのだと、インゴルドは言うわけです。

実は対談❶の最初に私がお話をしたように、伊藤さんとお会いした時に、伊藤さんは「ムラブリに持っていかれてしまったんじゃないか」と思ったのですが、これこそが真の人類学の力です。人類学の本質に近い。

つまり、インゴルドが言っている「with」というもの、「with ムラブリ」というのを、自分の中に背負っている、自分のうちに浸透させながら歩いているということこそが、人類学です。この新しい人類学の在り方、つまりポスト・インゴルド、インゴルド以降の人類学を、伊藤さんの中に見出したように思ったというのが、今振り返って言えることです。ちょっとずれましたが、多層の問いを考えるための一つの手がかりとして。

Q.

プナンのイントネーションは、いかにも狩猟との親和性が高そうなのですが、実際の狩猟中のコミュニケーションを声で取ることはあるのでしょうか？　それとも暗黙のうちにコミュニケーションが取れるのでしょうか？

奥野　プナンも、狩猟中はほとんどしゃべりません。ただ、人間の言葉はしゃべらないと言ったほうがいいです。動物の言葉、鳴きまねなんかはするんです。鳴きまねをしたり――例えばサイチョウの鳴きまねであるとか、ホエジカの場合は、草笛をつくって笛を吹いておびき寄せるんです。『ソウル・ハンターズ』（亜紀書房、２０１８）という本では、シベリアのユカギールの狩猟経験が取り上げられています。ユカギールでは、動物との関係性を築く上で、人間どうしの関係性をいったん断ち切るのです。プナンでも、ユカギールと同じようなことが行われます。プナンは、朝、狩猟に行く時は何も食べないで出かけます。人間が食べたものの匂いが、人間の匂いとして動物に伝わっていくのを避けるのです。

狩猟中は、人間の言葉はほとんど発しません。人間どうしのコミュニケーションを声で取ることはありません。コミュニケーションの取り方はいろんなやり方があって、呼び声で人間どうしのコミュニケーションを取ったり、あるいは葉っぱと枝を使って自分の行き先を別の人に示すというように、ある種の記号を用いたりします。

伊藤さん、ムラブリの狩猟中のコミュニケーションは何か特徴的なこととかありますか？

伊藤　先ほど言われた動物の鳴き声を使うというのはムラブリもしていて。鳥の鳴き声―― それも彼らにとっては言語というか、動物の言葉でしゃべっているとぼくは捉えたい。なので、奥野さんが自然にそう言われたのが、ぼくはすごくうれしかったです。奥野さんが自然にそう言われたから、ですよね、みたいに言いたくなりました。人間の言葉は狩りのあいだはあまり使わない。動物の言葉を狩りのあいだは使っています。

対談❸

すり鉢状の世界を生きる私たちと、その外側

「この本の主眼は、森の民たちと暮らす、あるいは出会ったことによって私たちが失ってしまったかもしれないものが見えてくるんじゃないかという予感があって、そのあたりが閉塞した日本社会を生き抜くためのヒントになるのではないかということですね。

そこを伊藤さんはムラブリ、そして私はプナンという森の民、あるいは狩猟採集民と付き合う中で感じたこと、考えたことを踏まえて今、改めて考えてみる、あるいは実践していることを含めて探っていきたいということだと思います。」——奥野克巳（対談中の発言より）

なぜ今、森から考えるのか

――まずは今までの対談を振り返って、気になった点からお伺いしていきたいと思います。

伊藤 まず自分から質問があるのですが、いいでしょうか。編集部からの事前の質問に「人類の始原的な場所である森」と書いてありますが、人類の始まりは森という理解でいいのでしょうか。人類の起源をどこまでさかのぼるか、という話にもなると思うんですが、人類学における「人類とは何か」という定義の中で、ここからが人類であるとなっている場所は、森じゃない気がするんです。その点は、どうなのでしょう。

奥野 それは今から500万年ぐらい前にアフリカで樹上で生活をしていたところから地上に降りたことから始まっているということですよね。

伊藤 というより、森から離れようとしたのか、という部分です。人類にとっての森という場所は、始原というよりは、チャレンジしていく場所というか、しょうがなく入っていった場所というか、そういうニュアンスがもしかしたらあるのかなと少し思ったんです。

奥野 なるほど。人類がどのように広がっていったのかには、いくつか説がありますけれども、大体ボルネオ島には4万2千年ぐらい前に人類が到達したといわれています。

1億年くらい前に被子植物が現れ、心皮が発育した果実が動物に食べられたりして、自分たちの種子を遠くに散布することによって、繁栄するようになったようです。その過程で、例えばオランウータンだけが食べるように特化したのが、あの大きな果物ドゥリアンだったといわれています。オランウータンが糞をして、ドゥリアンの種が広がっていくわけです。ボルネオの森には1億年ぐらいの歴史があって、今から4万年くらい前に人類が新参者としてそこにやってきたようです。

　だから、人が森に入って、狩猟採集して暮らし始めたということができるのかなと思っています。ムラブリの住む東南アジア大陸部の森と人というのは、今からどれくらい前に人が住み始めたんでしょうか？　同じくらいですかね。

伊藤　最近の遺伝学的な研究をみると、4万5千年前の人骨から得られたDNAを扱っているようですから、その時代にはアジア大陸部に人類がいたと考えられているのでしょう。東南アジア大陸部となると、ベトナム北部にある遺跡などから分かるホアビン文化が紀元前1万年前くらいからです。ムラブリはホアビン文化に由来すると考えた研究者もいましたが、遺伝学的にも言語学的にもその説明は難しいとぼくは思います。東南アジア大陸部の先史時代は、民族移動の説もいろいろと提唱されており、複雑な歴史があるようです。

　都会に住むぼくにとってはもちろん、森というのは原初の人間が住んでた場所だという印象はあるんですが、その森に住んでる人たちにとっても、原初だったのかなと思い、最初に伺いました。

奥野　いずれにしても、農耕が今から（およそ）一万年くらい前に始められたのだとすると、それ以前に地球上に散らばっていた人類が、移動した先のさまざまな環境において糧を得ようとしたのが、出発点だったんでしょうね。

プナンは、そのようにしてボルネオ島の森で狩猟採集に頼って暮らし始めた人類の末裔なのかもしれません。プナンを含めたボルネオ島の狩猟採集民は、農耕民たちのうち、森の中に入って、森林産物を収集するのに特化するようになった人たちの子孫だという説もあります。いずれにせよ、ボルネオ島では人間の痕跡は、少なくとも今から4万年ぐらい前から続いているわけです。

ムラブリは、農耕民の子孫だという説が有力なんですよね。プナンの場合には、今日の彼らが、農耕民とは決定的に異なる狩猟採集民的な「エートス」を持っている点で、仮にボルネオ島の森に住み始めた数万年前からの歴史が刻み込まれているからだと推測することも可能なのかもしれません。

伊藤　森の中での時代が長かったというか、かなり歴史があるという意味では始原的な場所だと言えるということですね。

奥野　プナンでは、多分そう言えそうです。

効率的であることからの逃走

――これまでの対談で気になった点は、ムラブリやプナンの生き方を現代社会に照応してみると、急激な資本主義に対しての違和感をあぶり出している印象を受けることです。
　例えば、伊藤さんが葛のバッグを披露された時に、ムラブリも分業していない、分業することによる効率化を気にしていないとお話されていたかと思います。利益を得るためだったら、分業したほうが楽だし、効率的なはずだと考えられます。この点について細かくお伺いしたいです。

伊藤　自分の本の中（『ムラブリ』集英社インターナショナル、２０２３）でも少し書いたんですが、ムラブリには専門家がいないんです。スペシャリストを目指さず、誰でもジェネラリストになっていく。一つの例として、バイクを修理する技術に関するエピソードがあります。バイクを直せる人が村にいたほうが、村の人々は助かるはずなのに、その技術を習得しようとする人がいないんです。できないのではなく、しないんですね。それはどういうことかというと、もし、ムラブリの中でバイクを修理できる人がいたら、バイクが壊れた時はその人にお願いすることになる。それで、その人が対価を得るわけですが、周りの人がその修理できる人に頼ってしまう、依存関係というか、権利構造が発生する。そういうことが起きないようにしているのかなと考えています。だから、この人だけできるとか、自分しかできないことをつくらない。そういうことはあるのかなと思います。『ピダハン』*1でも、カヌーのつくり方を教えても、自分でつくろうとしないエピソードがありますが、これも権利構造が生まれるのを無意識的に避けているのではないか、と思って読んでいました。

***1　『ピダハン』**
ダニエル・L・エヴェレット　２０１２『ピダハン――「言語本能」を超える文化と世界観』屋代通子訳、みすず書房

その延長として、分業をしないことも説明できると思っています。例えば、ムラブリはバッグをつくります。当然、得意な人と苦手な人がいますが、ぼくの行く村では、分業せずに、自分一人で編むんですね。それは、バッグが生活に必要なものだったことの名残りだからでしょう。40代以上の森生まれの女性は「バッグが編めないと生活ができないから結婚できない」と言っていました。集団の中でバッグを編めるのはこの人しかしない、ということになってしまえば、バッグが必要になるたびに、編める人にお願いしないといけない。頼む人も頼まれる人も、そうした関係性はあんまり望んでいないのかなと思います。そもそも、分業しないのを非効率だと考える前提には、商取引がありませんか。大量につくって、たくさん売れば、より利益が出る。そうした前提がある時には、分業が効率的だし、合理的です。けれど、ムラブリは元々はバッグを売るためにつくるのではなくて、自分が使うためにつくるというのが基本でした。最近では、ムラブリもバッグを売るためにつくっているところはあります。けれど、それもバッグづくりだけで生計を立てようとする発想は見受けられません。バッグは売れたらラッキーで、ちょっとしたタバコとかお菓子とかそういう嗜好品《しこう》に消えていきます。バッグが売れないと、生計が立たずに死んでしまうということはないです。その点において、ぼくらの生産活動とかなり違うところがあると思います。

つまり、自分の生に関わる部分は分業しないという態度が、ムラブリでは徹底されている。みんな、自分独りで森の中で生きていける技術と体力は確保しておく。それ以外の部分では、分業してもいい。例えば村で住む大きい家をつくるとかは、全然分業してますし。けど、森の中で自分の寝床をつくるというのは、一人でできるようになっている。バッグづくりは過渡期にある点で面白いです。バッグはかつて生活必需品でしたが、最近は観光客などに売ってお金を稼ぐための商品になりました。ぼくの行く村ではまだ分業されていませんが、別の村では分業が始まっています。バッグの商品としての価値が上がり、それで生計を立てる人が出てくると、分業が始まり、スペシャリスト集団が生まれてくるのだと思います。

奥野　多分、プナンも近いところがあるのかなと思うんですけど、どうでしょうか。

なるほど、専門分化につながる分業をしないことで、権力の集中を防いでいるというのは面白いですね。だから、多分、分業するほうが、生産効率が上がるということを考えないと思うんです。生産効率が上がるとか、利益計算などは考えない。多分それは近代の考え方、あるいは人類にとってきわめて新しい考え方なんじゃないかなと思うんです。

例えばヒゲイノシシを獲ってきて、それを解体し食べることに関して、それは誰がやるのかというと、基本的には、男なんですけれども、やり方そのものに関してプナンは、誰かから教えられるわけじゃないんです。誰かから教わるようなことではない。教える人と教わる人、つまり教師と生徒という関係があるわけじゃないんです。これもある種の専門分化の否定ですね。

きょうの午前中に会議があって、新年度学部に入ってくる1年生全員の読む本が『子どもの文化人類学』（ちくま学芸文庫、2023）に決まったんです。実は、私が文庫版の解説を書いているのですが、原ひろ子さんの名著の復刻版です。

その中で、学ぶというのはどういうことかというのをテーマにしているパートがあります。先生がいて生徒がいて、生徒が先生から習って、それを習得するというようなことは、わりと新しい、近代的なやり方だと見ることができます。

その本で取り上げられている、ヘヤー・インディアン*2は、学ぶことをそういうふうには考えていません。原さんによれば、ヘヤー・インディアンの人たちは、誰かから教えてもらって学ぶということをしない。先生がいて生徒がいて、学ぶというようなことをしません。モノと自分自身が対話しながら、つまりモノを削ったり、切ったりして自分で試行錯誤してみて、完成に向かっていくのです。

プナンもやっぱりそうなんです。誰かから教えてもらって、それを習得する。専門的な知識を持つ先生がいて、初心者が生徒になって学んでいくというのをしない。言語のレベルで知識をあれこれと伝授されるのではなくて、共有されている知を身体のレベルで学んでいく。その時、自身でモノと向き合って、そのモノと対話することを通じて自分自身で習得していくというのが、彼らのやり方でもあるのです。

例えば、薪割り。これは大体男しかしないですけれども、女もやっているところを見たことがあります。森から大きい丸太を切り出してくるんです。それを斧でポンと、まずは木の目に沿っ

***2　ヘヤー・インディアン**
カナダの北西部の極北地帯から南西部にかけて先住する、アサバスカ語族に属している狩猟採集民

て割れ目を入れて割っていくのです。これは私がやると全然できないですが、プナンは木の質感をうまく捉えて、割っていくわけですね。

子供たちは、たまにその様子をじっと見ています。薪割りは、誰かから教えてもらうことじゃないから、基本的には誰でもできるんです、やろうと思えば。男たちが木を切りに行き、いっぱい丸太を持って帰ってくるのですが、その続きで、男が割ってしまうことが多い。それは、別に男か女かのどちらがするものだというのがあらかじめ決まっていないんです。誰がやってもいいわけで、「そこにいる人がやる」という感じです。専門分化や分業には進んでいかない。

料理は誰がするものか——森の分業考

奥野　料理に関してもそうなんです。男であれ女であれ、誰がやってもいいんです。

２０２３年２月にプナンに行ったのですが、ニッポン放送のアナウンサーの吉田尚記さんと私の本をこれまで何冊かつくってくださっている編集者の内藤寛さん（亜紀書房）と同行しました。内藤さんは、彼自身が料理をする人なのですが、日本社会においては料理のやり方はいろいろと決まっていると言うんです。例えば包丁の使い方。指を切り落とさないように、包丁で肉を切る時には材料を押さえる指を第二関節で丸めるのだけれど、プナンはそうでない。そのことを内藤さんに言われてみて、初めて私は気付いたんです。プナンのやり方は危ないのですが、それを彼らはうまくやってのけるんです。料理中に怪我をしたプナンを、これまで見たことがありません。そんなことを、男でも女でも関係なく、うまくやるんですよ。

さらに今回、内藤さんが日本からさまざまな調味料を持っていった中に、クレイジーソルト*3があったんです。カニクイザルの肉は、私はこれまで臭みがきつくて食べられなかったんですが、プナンがクレイジーソルトを使ったので、味がずいぶんよくなったんです。とてもおいしかった。

彼らは、熱帯のブリコルール（器用人）です。見知らぬ調味料であっても、それを巧みに使って、料理を非常にうまくやるんです。誰かにやり方を教えてもらったり、女がやるというようなことに決めていない分、何でも融通無碍にうまくやるのかもしれません。

夜に男が狩猟に出かけて、ジャコウネコやボルネオヤマネコなどを獲ってきたんですが、そうすると夜中の3時とか、朝方5時に叩き起こされるんです。「おい、獲って来たぞ」と。そこでわれわれはビデオや写真を撮ったりするのですが、獲物の解体と調理も、獲ってきた男がやる。男が短時間で解体調理して、料理を出してくる。

先ほど言ったように、プナンでは、薪割りは男がやることが多いんだけれども、男が必ずやると決められていないんです。狩猟なんかに行くのは大体男なのですが、男が行かなければならないと決められているわけではないはずです。決められていなくて、誰がやってもいいようなとこ

＊3 クレイジーソルト
岩塩と6種類（ペッパー・オニオン・ガーリック・タイム・セロリ・オレガノ）のハーブをブレンドした調味料：日本緑茶センター株式会社

ろで行われているものなんです。専門的な知識や技能が特定のカテゴリーの人たちだけにプールされるのではなく、誰もがいつでも使えるものとして緩やかに共有されている。

プナンを見ていると、フェミニズムにおける議論は行き過ぎの面があるように思えることがあります。プナンは、ジェンダーや分業に関して、考えているふしがないようです。それぞれが、やるべきことをやるだけ。力持ちは丸太を切りに行ったり、狩猟に出かけるでしょうし、そのあいだに、鍋を洗ったり、汚れた服を洗濯する人がいるんです。子育ても二親だけではなく、共同体のメンバーみなでやるんです。

奥野――今の日本の問題から見ると、非常に気になる論点だなと思いました。資本主義にどっぷりと浸かった近代家事に対して賃金が支払われてないではないかというのは、誰がやるべきとか、誰がやれば早く済むと的な発想です。プナンにはそういう発想がまずない。誰がやってもいいわけです。専門が分化して、そういうふうには、プナンは考えません。そもそも誰がやって、それの是正を目指すという、とてもまこから権力構造や社会格差が生じて不公平感が広がって、そんなことを、プナンの振る舞いややり方を見ていて感じどろっこしい議論に陥らないために。ます。

木や石に応答すること、から始まるものづくり

ムラブリは男女間の分業にコントラストは強くないのでしょうか。

伊藤　あまり強くはないです。バッグをつくるという点では女性のほうがつくりがちではあるし、かごは男性がつくりがちではあるんですけど、今、奥野さんの話を伺っていて、（対談会場の）書棚にある本でパッと目に入ったのが、レイブとウェンガーの『状況的学習（situated learning）』＊4で、そのことを思いながらお話を伺っていました。薪割りにしても猟にしても、状況的学習によって学んでいる。しかも、職人的に確立された技術を継承していくような学びではなくて、モノとの関わりの中で各々が方法を見出していくことで、創発的に習得していく。プナンは「学び方自体」を学んでいるというか。そんなふうに聞こえました。だから、誰もやり方に正解があるとも思っていない。それぞれのやり方があるし、誰が何をやってもいい。男女差の傾向が出るのは、ジェンダー観念によるものではなくて、近くにいる人がそうだという程度のことでしょう。ムラブリでもどこでも、同性で集まることの方が多いでしょうから。先ほど言ったように、バッグづくりの苦手な女性もいます。その人は、ムラブリの女性にしてはお酒好きで、女性コミュニティの中でも周縁的な人です。それがバッグを編む技術に影響しているとしたら、納得できるなと思いました。

人から教わるのでなく、モノから学ぶというのは、とても面白いなと思っています。ムラブリはまさにそうで、刃物を研ぐのは教えているところを見たことは一度もないですけど、

＊4 『状況的学習』
訳本としてジーン・レイヴ、エティエンヌ・ウェンガー　1993『状況に埋め込まれた学習――正当的周辺参加』福島真人訳、産業図書

みんな研いでいるし、薪も誰から教わるでもなく、ちょうどいい木を子供でも取ってきます。ぼくはインゴルドが言っていた「ハイロモロフィックモデル」――頭の中にあるイメージをモノに押し付けるというモノのつくり方――インゴルドは、それはできないよと言っていたと記憶しています。そのモデルを言ったのは誰でしたか、アリストテレスでしたか。

奥野 アリストテレスの「質料形相」モデルですね。あらかじめデザインした完成形を頭の中に描いてからモノをつくるというのが、アリストテレスのモデルなんだけれども、実は私たちはそういうやり方でモノをつくっていない。つまり、形相《エイドス》を頭の中でデザインした上でモノをつくっているのではなくて、素材を前にして、与えられたモノで何ができるのかを考えながらモノづくりが進められる。「質料形相」モデルに沿ってわれわれはモノをつくっているのではないというのがインゴルドの考えですね。

伊藤 薪を割るにも節があるところは割れないわけだから、そこを避けようとする。つまり薪に別のところを割らさせられている。自分が思ったことをそこに実現できない。薪のようなものも主体なんだ、という考え方は、学習を考える上でもとても重要だと感じます。

奥野 インゴルド的に言えば、「応答」*5ですね。対象に対して主体として働きかけるというよりも、対象からの働きかけに応答する。もちろん主体としてこちらから働きかけようとすることはあるのだけれど、それは出発点で必ずしもなくて、対象からの働きかけによっても、自分自身が修正されていく。つまり、対象との間の絶えざる応答によって、モノづくりは進められている。メイ

伊藤　キング、つくるとは、そういうことなんだと。

ムラブリのバッグは一つ一つ形も大きさも違うんです。分業しないからとも言えるけど、結局そのコレスポンデンシーズの中でバッグができ上がってくるから、唯一無二のものになるしかないという、工業的なものではない。

そもそも分業というのは商業ありきの、機械工業を前提にしている。だから資本主義が導入された近代以降は、そもそもコレスポンデンシーズが起きている現場から人が消えた時代とも言えるわけで、モノからの応答によって学ばされるという経験がないから、モノから学ぼうという感性がない。効率とか生産性とか、そういう文脈で人が語られていることは最近のことでしょう。

分業するほうが生産効率が高いじゃんと思ってしまうことのほうが、資本主義に取り憑かれた考え方だと思います。バッグなんていっぱい要らないじゃないですか。

――本来的には必要がないですよね。

伊藤　1個、2個ぐらいあればいいかと。

――奥野さんは最近インゴルドの『Correspondences』を翻訳されていると聞きましたが（2023年5月に刊行）、この対談との関わりはあったりしますか。

奥野　コレスポンデンシーズとは、世界との応答のことです。この1週間ぐらい、その翻訳に集中して

＊5　応答
ティム・インゴルドは著作『メイキング：人類学・考古学・芸術・建築』（2017、金子遊・水野友美子・小林耕二訳、左右社）において、世界で起きていることに対して、私たちの知覚を開いて、世界に応じていくことを「応答」と呼ぶ

いたのですが（ティム・インゴルド『応答、しつづけよ。』亜紀書房、2023）、ことによると話がまたズレていくかもしれません。この対談でも、私は伊藤さんと司会である編集部の発言を受け、それに応答することによって、どんどんと別の話題に移っていっている。その流動の度合いは、遅れてこられた伊藤さんをお待ちしていたあいだに、90度のウォッカをあおったので、いくぶん早めです（笑）。

インゴルドの『応答、しつづけよ。』についての余談ですが、彼は「モア・ザン・ヒューマン」にまで思索を深めているんです。紙の上にペンで文字を書く際、人が気づかうのは文字の大きさや流麗さなどの「人間以上」の存在なのだというのです。

その延長線上でインゴルドは、表現様式からして、人間を超えていってしまっているんです。インゴルドは、「石」となって、石である自分を語っている。あるいは「水」や「川」になって、寓話形式で語っている。プナンに戻ることなく、話がますます逸れて行って、違う話になっていくかもしれないので（笑）、インゴルドに関しては、ひとまずこのあたりにしておきます。

初の単著『ムラブリ』について

奥野　伊藤さんの著作『ムラブリ』は、非常に読みやすいと感じました。238頁に、「日本でムラブリの暮らしを再現したいのではない」「ムラブリの身体性を持つ人が現代日本で違和感のないように生きることを望んだら、どのような生き方を達成するのか。ぼくが追求したいのはそういうことだ」と書かれています。

ムラブリの暮らしを日本で再現したいのではなく、ムラブリの身体性を持って現代日本で違和感なく生きるにはどうしたらいいのかを追求してみたいのだと。そして「この課題はぼくがぼくに課すほかない課題である」とも述べられています。高校から大学へ、大学時代に「ムラブリ」を訪れて、大学院でムラブリの言語の研究をされたことを経て、最終的に伊藤さんがたどり着いた課題がこれ。そのことが書かれた第6章の部分はとてもスリリングでした。

伊藤さんには、高校、大学時代も含めて、現実や世界に対するある種の違和感があったんだろうと推測します。『ムラブリ』で、ひょうひょうとした、ある種のつかみどころのない（ように私には見える今の）伊藤さんは（笑）、社会から与えられたものをそのまま受け入れることができないのだけれども、それを何とかうまくかわしながら大学や大学院進学や就職などを無難な形でやり過ごしてきた。その一方で、そこには、違和感を抱いているものを含めて、現実をどう突破していくのかについて、思いや行動が綴られている。

つねに二面的なるものが走っている。一方で、教育や現実から与えられるものに対して、それに打ち込みながらも、他方で、しっくりとこないところを突破するために努力を惜しまない点。

伊藤　「寝てばっかりだった」という話は、この二面の間に空いた昏き溝のような部分だったのですね。（寝てばかりだったのは）高校と大学の時の話ですね。ほとんど講義に出ていませんでした（笑）。

奥野　社会に地歩を築きながらも、そのまま社会に巻き込まれるのはどうも面白くないし、そんなことをやったってどんな意味があるのかと考えて、社会から逃れ、その後どういうふうに逃走線を引いていくのかというのが、伊藤さんの大きなテーマなのかもしれません。言語学という学問領域を見出して、フィールド言語学の領域に入りながら、しかしそこでも、例えば辞書を1本編さんして博士論文を書くというのが、とても形式的で制度的で、しっくりこないという現実に向き合いつつ、ではどうやって生きていくのかを問おうとするという話です。

現代日本で暮らしてきて、なし崩し的に積み上がっていってしまう経験があって、それとは別に、そこからどういう展望を開いていくのかという課題が、『ムラブリ』では、ものすごく巧みに語られている。そのあたりが非常に共感できるところなんです。じゃあそれをどういうふうに自分自身の問題としていくのか。それは、ムラブリに通うようになってから以降の話ではないでしょうか。

高校時代から語られているところは、最初私はすっ飛ばしてもいいんじゃないかと思っていました。でもその部分があるからこそ、ムラブリ以降、今に至る伊藤さんの選択が効いている。つまり、伊藤さんの半生、高校を卒業して、島根から富山に行き、それから京都に行き、それと前後してムラブリに行かれたその痕跡の中で、どのようにムラブリを再現するのかではなく、ムラブリという身体性を持った自身がこの日本でどのように生きるのかという問いが浮上している。その流れが、なるほどと思えたところです。それが一つめの大きな感想です。

それともう一つ、私自身が何を知りたいのかにも関わるんですが、「われわれと違うライフスタイルを生きている人たちから大きな影響を受けるということ」に関してです。ムラブリに「心と体を奪われていること」が、われわれにとって何か大切なような気がするんです。6章で、伊藤さんが、ムラブリの身体性を持った日本人であることを語っている部分が大事な気がします。この本の中でそれほどボリュームは多くはないんですが、現在と今後の伊藤さんの活動に、私はとても関心があります。こう言うことがプレッシャーになってもいけないと思っています。

この本では、20年ぐらいの軌跡を経て最後の6章に繋がるわけですが、6章が結構大きな問題提起を孕んでいます。な~んにもしないという「引き算」的な選択でも全然いいわけですけど、そうではなく、何かをやっていこうという、「足し算」的あるいは「掛け算」的な前向きな方向に踏み出しているんです。

それを考える上で大切なのが、高校生ぐらいからの伊藤さんが、どんな加減で生きていたかということと、社会に馴染めなかった先にムラブリにたどり着いて、単に言語学の論文を産出しながらキャリアを形成していくのを辞め、そこから反転して考えねばいけないことがあるんだと気付いた部分だと思います。気付いたところから、今やっておられることに繋がってくる。そんなことを、『ムラブリ』を読んで思った次第です。

伊藤　ありがとうございます。最後の6章は、実は最初の構想からずいぶんと違うものになりました。元々編集者さんに提案された構成で書いていたものがあったんですけど、1回全部それをおじゃんにして書き直したんです。その理由もうまく説明できませんでした。ただ納得いかなかったんです。

それで丸々書き直しました。最初はすでに書いた原稿を書き直そうとしていたのですが、一向に筆が進まない。そこで、ゼロベースで書くことにしました。そしたら1日で書けたんです。3〜4時間でバーって、1万字ちょっとぐらい。後半は、書きながら泣いてました。その時の自分は、書いているというより、何かに書かされている感じで。書きながら、「あ、ぼくは、こんなこと考えてたんだぁ」と他人事のように感じました。驚きと、何か感謝のようなものがあって、泣いてしまった。誰もいない他人の家で、原稿を書きながら昼間っから泣いてるという（笑）、変な光景でした。

1章で「負の走性」*6の話をするんですけれども、嫌いなものを避けるという負の走〝嫌〟性があるというふうに自己紹介して、そのおかげで言語学を選んだんですよというくだりがあります。走性は単発のネタとして投げただけだったんですけど、結果的に6章でその走性の話がたぶり返してきて。全然想定していませんでした。最初に構成したわけじゃなくて、結果的にああなった。

気付いていなかったのに、これを見越して書いていたのか、そうだったのかぁと思いながら勝手に手は動くというか、書かされていいて。「何なんだこれは」というふうな感触があっ

*6　**負の走（嫌）性**
嫌なことをしたくない。面倒なことからは遠ざかりたい。なんとなくそっちには行きたくないという気持ち［伊藤註］

たんです。

奥野　映画『森のムラブリ』にしてもそうですよね。

伊藤　そうですね。偶然が生み出したものというか。走性の話が登場するのは、高校の頃から書き始めたからです。奥野さんも言われたように、別に高校生の頃から書く必要はなくて、ムラブリのことを書くんだったら、せめて大学から書けばいいんですよ。他にもネタはあるわけだし。でも、高校生の頃から始めたことで、６章と繋がっていくんですね。奥野さんは「高校の頃は要らないと思ったけれど、あ、でも最後に効いてるんだ」と言ってくださって、そういう感想は初めてでした。書き手目線というか、そういう目線で見ていただいて、報われたなという気がするんです。

そういう感想を頂けたのは、やはり奥野さんとぼくの何かしら繋がっていることの、一つの現れなのかなというふうに思いました。

私たちはどんな世界を生きているのか

奥野　『ムラブリ』を読んで、富山の大学で、教員の方にお声掛けをいただきムラブリに一緒に行くことがきっかけで研究員をされていたことが分かりました。大学で教え、研究者として自立していく過程があり、他方で、結婚されてお子さんもできたという現実もあった。日本社会でどう歩みを進め、これからキャリアアップしていくのかをいったんは展望されたわけですね。ただそこを踏み外す、いや、その道をひっくり返すきっかけが、「プロ奢《おご》ラレヤー」*7の本を読んだことだったんですね。伊藤さん自身も奢りに行っておられるんですよね。

伊藤　池袋の西口でお寿司を奢りました。

奥野　個人的な興味関心から、プロ奢ラレヤー君の『嫌なこと、全部やめても生きられる』（扶桑社、２０１９）を読んでみました。

伊藤　本もちゃんと読まれたのですね。素晴らしいですね。

奥野　これを読んだら、私の本が引用されてたんです、最初のところで。

伊藤　そうそう、されてましたね。

奥野　プナンが「ペナン族」と間違って書かれていて、私の名前も間違っていたんですけど（笑）、それは措くとして、プロ奢ラレヤー君の話をしましょう。彼は、あんまり何かを積極的にやりたくないようなんですね。やりたくないというよりも、嫌いなことはやらない、面倒なことはやらない主義なんですね。結構ライターさんのまとめが入っているということなので、結局、プナンにせよ、私の名前にせよ、そのあたりはどうでもいいんですが。まあ、最初に私の本が引用されて、非常に光栄だったと言っておきましょう。

それでちょっと考えてみたんです。プロ奢ラレヤー君には、現時点で言えることがいくつかあ

***7　プロ奢ラレヤー**
年収1千万円の奢られ屋。「他人のカネで生きていく」をモットーにTwitterを介して出会ったさまざまな人に「奢られる」という活動をし、わずか6か月でフォロワー2万人を獲得。２０２３年現在でフォロワー約12万5千人

ると思うんです。彼は20代ですよね。

伊藤　20代半ばです。

奥野　若いですね。問題提起としては、彼のやっていることの意義は大きく、とても共感するところがあります。伊藤さんの『ムラブリ』を読みながら、彼の本を同時に読むと、こう言えるんじゃないかと思っています。

われわれはすり鉢状の現実を生きています。一つの世界理解として。すり鉢のような世界に住んでいると理解してみましょう。すり鉢の形なんだけれども、上部は、もうちょっと開口部に向かって、平面が湾曲してせり出している。誰もが底のほうから上のほうに向かって努力して登っていくイメージです。底のほうからどんどん登って行くのですが、上に行けば行くほど角度が付いていてたいへんになる。でもなんとかてっぺんにたどり着くと、そこはせり出して反転していて、なんとかしがみつこうとするのだけれども、重力が働いて、落っこちてしまうことがある。

最近聞いた、ある会社の話をしましょう。知人の会社で、最近「うつ病」や「パニック障害」などの心の病いを患った人が非常に増えていると言うんです。私も以前から大学で、学生と接していて感じるんですが、精神を病んでいる人たちがとても多い。

精神的な病いが増えているという会社の知人と話していて気付いたのは、自身の日常と、自分は本来こうでなければならないという認識のあいだのギャップが、生きづらさを生み出すだけでなく、「障害」さえ引き起こしているということです。いい大学に入って、いい会社にも就職し、立派な職業に就いている。自分はこんなにも立派な経歴のエリートなんだから、もっとすごい仕事をしていたり、輝かしい地位についていているべきなのではないか。しかし、現実には、やってきたことやっていることに見合った形で社会の評価が与えられていない。そういうところで悩むわけです。認識と現実のギャップに対して、果たして何をやってるんだろうと落ち込むというのです。もっともっと上に行けるはずだったのに、どこで間違ってしまったんだろう。日々悶々と思い悩む中で、精神的にまいってしまった一つのケースを聞きました。

すり鉢状の世界の住人である人は、器の上のほうを見ながら日々を過ごしていて、自分はそこに行けたはずだったのが、なかなか行けてなくて、底辺近くにすべり落ちてしまっているという感覚に苛まれているんです。一番下のところから這い上がって、上のほうの、開口部近くにたどり着いたはずなのに、実際にはたどり着いておらず、そこから落っこちて、もがき苦しんでいる。これまでの努力に見合った地位や評価が得られてない。いるのは上のほうなんだけど、重力の関係で、下に落ちてしまっていると感じている。つまり、すり鉢状の世界の上のほうにいるというのはその人にとっては「幻」なんです。現実にたどり着いたと思ったら、たどり着けていないという。

で、問題はここからです。現実であれ幻であれ、その人は、すり鉢状の世界の内側で自己完結してしまっているんです。その外部を知らない。その外部がどうなっているのかは想像することすらない。外部にいったん逃れてみることで、われわれは何か別の可能性に気付くのではないかという想像力を持つことはない。

すり鉢状の世界の内部から飛び出して、例えばプナンと接してみると、「こんなんでも生きていける」と感じる。ムラブリもそうでしょうけれども、こんなんでも生きていけると思えたりする。

奥野　――「こんなん」ですか！

こんなんというのはつまり、何の努力もせずに、ということです。いつもだらだらしていて、それでもなお生きていけるんです。悩みのようなものもほぼない。プナンは大体そうなんです。プナンは、いつも下ネタ、集まるとエロ話ばっかり話していて、こんなんでよく食っていけるなあと感じる。今回（２０２３年２月）もアナウンサーの吉田さんと内藤さんとプナンを訪ねて、彼らが口をそろえて言ってたのは、「こんなんでも生きてけるんだ」。

われわれの世界には外部がある。われわれはすり鉢状になっている世界で、上のほうに行ったら行ったでせっせとその場をキープするのに必死になり、あるいは上のほうに行ったんだけど、その実感が湧かなかったりするというだけで、すり鉢状の外側に広がっている世界もあるということをなかなか想像できない。

ただ、すり鉢の開口部にたどり着かなくても、勇気を出して、底の部分からぽ～んと勢いよく飛び出してみる。すり鉢状の世界の向こう側に行ってみると、そこには、見た目は自分たちとそれ程違わないけど、圧倒的な他者であるムラブリとかプナンがいるんです、多分。それが外部なんです。

伊藤

外部に接したのが伊藤さんや私だとすると、プロ奢ラレヤー君はおそらくすり鉢の贈与交換の仕組みの内部にいながらすり鉢の天地をひっくり返したようなもんです。すり鉢の中で、上のほうに行く努力をしないことを決めて、すり鉢の世界の天地をひっくり返した。

ひっくり返してしまってどうなったか。ひっくり返したすり鉢の世界のてっぺんに、自身を据えた。つまり嫌なことを一切せずに暮らすということを一番てっぺんに持ってきた。ＳＮＳを使って、自分に奢ってくれる人物を探した。

すり鉢をひっくり返したので、今彼はその頂点にいるんです。でも、今後伏せたすり鉢状の世界の内側のてっぺんから転落する可能性もあるように思います。そこはとても不安定なので。その時はふたたび、ふつうのすり鉢状の世界に戻るんでしょうね。今後はどうなるか分からないので、プロ奢ラレヤー君の問題提起は、現時点ではとてつもない爆弾を含んだ価値あるものなのかもしれないというのが、私の今の感想です。

彼は奢る人がいないと成立しません。その点で社会依存です。社会のあり方が変われば彼のあり方も変わります。それは彼も自覚しています。「誰も働かなくなったら、俺も当然働く」と言っていますから。でも、今はまだその時ではないから、奢られている。

現代日本の社会は決して裕福ではないと一般的には考えられていますが、彼はそうは考えていないようなんです。日本社会がとても豊かなことを、彼は見抜いているんです。彼は「ローマ帝王はコンビニのチキンは食えなかったのに、お前らは100円払えば食える、すごい」などと言います。比較対象が壮大で笑ってしまいますが、彼の言っていることは事実です。彼は現代日本が十分に豊かで、自分が働かなくても奢ってもらうだけで生きられるだけのポテンシャルを持っていることを、経験的に知っている。彼は20代前半で、海外を放浪しています。その過程で、雪山で遭難して乾麺のままのパスタを川にディップして食べたり、夜中にホームレスに追いかけられたり、ゴミをあさって生き延びてきたそうです。その結果、現代日本社会がいかに恵まれているか看破したんです。だから、すり鉢から外に出た経験がある。その上で、日本のすり鉢をひっくり返してみせた。そこに彼のすごさがあると思います。

最近も彼に会って寿司を奢ったんですけど、最初に会った頃と少し雰囲気が変わっていました。彼はあんまりやりたいことがないという思いを吐露していました。それはいつもの彼らしい、透徹したものの見方ではあるのですが、どことなく悩みとしても聞けるなと勝手に感じていました。

彼は働かなくてもいいようになった。暇になった彼が何をするかは、ぼくにとってとても興味深いです。個人的には、人は暇になったら芸術に向かうんじゃないかと考えているんです。自分が感じていること、見ていることを相手に伝えたいという欲求が根源的にあると思うんです。人がコミュニケーションを好むという性質の純度の高い表れが芸術なんだと考えているからです。

プロ奢ラレヤーはもう生きるために働く必要はない。Twitter で人に会ったり、古典を読んだり、コミュニティを運営してみたり、最近はバーを始めました。また、彼の note はとても読み応えがあるし、ゴミの写真を撮ったり、詩や小説を書いたりもしています。そのどれもが、不思議と主張がないんです。社会に対して疑問を投げかけるような、強い圧力が感じられない。

奢られて生きるという、社会的にとても大きな問題提起をしているのにも関わらず、彼の表現からは退廃的な印象はないんです。とてもピュアなものが感じられる。彼はおそらく彼自身のそんな作家性に気付いているんじゃないでしょうか。けれど、そのピュアな感性は、プロ奢ラレヤーのアイデンティティーと衝突するかもしれません。

プロ奢ラレヤーは図々しい、社会をハックして生きている、その印象が痛快だから、人気があります。その賢さと、彼の作品にあるピュアな部分は、相性が悪い。

彼は社会に何にも不満がない、生きてるだけですごい、という視点で奢られ活動をしています。正面切っての社会批判はほとんどしません。だけど、彼に惹かれて会いに来る人は、社会でうまくいっていない人が多いわけです。しかも彼は頭がいいから、その人を通して、日本社会のダメさにも気付くわけです。だから、いろいろと感じていると思います。全くの想像ですが、絶望に近い感情も時にはあるんじゃないでしょうか。

けど、それをプロ奢ラレヤーとしては表現しにくいですよね。存在と主張が矛盾しちゃうから。これから彼がどうなるのか分からないけど、希望のあるような展開になるんじゃないかな、という期待があります。とてつもないアーティストになるとか。

現代日本でムラブリとして生きる

奥野　話を私たちの方へ戻してみましょう。

　ムラブリやプナンという外部を知ったフィールド言語学者や人類学者がどういうふうに、すり鉢状の内部に戻ってくるのかを考えてみたいと思います。伊藤さんの場合は、ムラブリの身体性をもって、現代日本の中でいかなる生き方が可能なのかを探求するという一つの課題にたどり着いたということではなかったでしょうか。

　『ムラブリ』の6章で考えられているのは、そういうことだったように思うんですけれど、どうでしょうか？

伊藤　またすぐに戻ってしまうのですが（笑）、プロ奢ラレヤーに最初に奢りに行ったあと、彼を贈与論的*次頁8に分析したnoteを書いたんですね。奢ってもお礼を言わないプロ奢ラレヤーは、返報性を感じないのか、というテーマです。そのnoteが受けたので、その分析をもとに、彼のようになろうとした時期もありました。彼は経済的に不自由なく暮らしている。羨ましいですよね。好きなことができるし。一時は彼のようになればいいのかなと思ったんです。けどそんなに簡単ではないし、ぼくなりのやり方も考えてみたいなと思うようになりました。

プロ奢ラレヤーは奢る人がいないと成立しないですよね。すり鉢の中で苦しんでいる人たちが、「奢られるだけで生きていてすごい」という羨望や嫉妬のまなざしに支えられて生きている。だから、奢られの活動は、間接的にすり鉢を維持する側に無意識的に加担している。「すり鉢から出ようが出まいが地獄なんだから、すり鉢で死ぬまで生きろ」という主張です。

　ぼくはすり鉢の中も外も本質的には変わらない、ということを認めた上で、「すり鉢からの出方ってこんなやり方があるよ、ぼくはこんなふうに出てみたよ」ということを実践して示したいんです。すり鉢にいるというのが分かったとしても、出られないですよ。仕事をすぐ辞めましょうと言われても、辞められない。家族と距離を置きましょう、離れられない。当たり前です。

　じゃなぜそれができないのか。ぼくは自活できるテクノロジーが用意されてないのが理由だという考えに至りました。

　一人でご飯をつくれない。食べものを見つけられない。自分で家をつくれない。エネルギーも買うしかない。飲める水をどう用意していいかわからない。生きるために必要なことをことごとく、既存のインフラに依存している。それが一番大きなすり鉢だと思うんです。そのことにすら

＊8　『贈与論』
フランスの人類学者マルセル・モースは、贈りものの授受、すなわち「贈与」という現象を古くからの人間社会に存在してきた経済のあり方として捉え、さらに社会そのものを生み出す原理であると考えた。彼の著作『贈与論』は、当時の民族学的史料を駆使し世界各地の「未開社会」における契約の起源を探求することで、贈与を近代西洋の資本主義的経済とは異なる経済原理を描きだす試みだった（奥野克巳・石倉敏明編　２０１８『Lexicon 現代人類学』以文社）

気付けない。

例えば電気代とかガス代とかめちゃくちゃ上がっていますよね。たいへんです。でも、自分でつくればいいんですよ、電気も。だけど、そういう発想することがそもそも起こりにくい社会になっている。それをぼくは自分の実践で突破したい。「それがないと生きられないと言ってますけど、本当にそうなんですか」に加えて「ぼくはこうやってみました」と言いたいんです。それを指しているのが自活なんです。

そのためにぼくができるのは、まずぼくが自活できるようにやってみる。下手でもいいんです。そこを目指す。すり鉢の外で一人で生きる、そのチャレンジを見てもらうことだと思うんです。

ただ、それはムラブリみたいに森で生きることではない。ムラブリの生き方を知りたければ、ムラブリに会うのが一番いいです。ぼくの下手なモノマネを見せる必要はない。そうではなくて、ムラブリの感性を身に付けつつある、日本生まれのぼくが、どんな生き方ができるか挑戦したいし、見てほしいんです。それは、既存のテクノロジーの組み合わせで結構いいところまでできるんじゃないかなと思っています。もし、その方法に共感する人が現れたら、一緒にやりませんか、という感じです。

現世で「奢られて生きる」思想は日蓮に通ずる？

奥野　なるほど、すり鉢状の世界と内と外に差がないというところから出発して見える世界の眺め、とても刺激的です……すでに指摘しましたが、私にはプロ奢ラレヤー君には、二面性がある感じがするんです。一つは、自明性の強烈な破壊で、もう一つは、倒すべき大きな相手を仮に想定しているんだとすると、それ自体に呑み込まれてしまう可能性があるという面です。後者の面でプロ奢ラレヤー君を考える時、思いついたのが、鎌倉仏教です。

伊藤　それはとても面白いですね。そこに行き着くのですか。

奥野　仏教は、特に浄土系の仏教では、現世のことを濁世《じょくせ》であるとか穢土《えど》と言ってます。つまり、私たちが生きているこの世界は汚れている。

　プロ奢ラレヤー君には、こんな世界で生きていくことに対する不安や失望感があるのではないでしょうか。実はこんなものではない、つまり、自分自身が思い描くようなところに自分自身を位置付けることができないというのが、彼の行動の基盤にあるんじゃないか。それを逆手に取って、多分自分に何ができるのかというふうなことを考え始めたんじゃないか。

　社会に対する肯定感ではなく、何か現状に対する不満や肯定できない感覚がある。それはつまり、濁世、汚れた世の中を生きていかざるをえない感覚です。そこを逆手に取ることによって彼自身が見出したのが「奢られる」ことで生きていくことに踏み出す勇気みたいなものではないか。

12、3世紀、鎌倉時代には、たび重なる天変地異や政情不安などによって、とても生きづらいものとなった。そのことを背景として、いろんな仏教が出てきます。浄土宗、浄土真宗という浄土系が、念仏を唱えれば、専修念仏によって、阿弥陀仏の本願によって、この世ではなくて、あの世で救われると唱えます。あの世で、浄土で、安らかな生を保証されるわけです。念仏だけ唱えて濁世を忘れ、浄土を思う。

　浄土系の仏教は、困難な時代の民衆に受け入れられて広がったのですが、それを非難したのが日蓮でした。日蓮は、あくまでも現世での浄土を目指した。プロ奢ラレヤー君は、それに似ている。彼は、仏国土を目指すのではなくて、濁世の中で救われようとしているようにも見えます。

伊藤　日蓮になりますか。

奥野　日蓮的です。浄土系には、法然と親鸞だけではなく、一遍という人もいました。彼らは、念仏を唱える人たちです。日蓮は、念仏を唱えればいいというのではなくて、『法華経』にこそ真の仏教があると確信して、『法華経』に帰依すべきだと説いたんです。

　われわれは『法華経』の中に書かれていることに戻るべきだと説いたんです。日蓮は『立正安国論』を書いて、前の執権・北条時頼に呈上するわけです。彼は、この世が不安に充ちているのは念仏が蔓延しているからだと説き、邪教を棄てて、『法華経』に帰依するように迫った。しかし逆に、邪教とされて、数々の弾圧を受けるんです。日蓮が唱えたのは、極楽、つまり浄土に行くのではなくて、われわれが生きているこの現世で平安な浄土をつくることができるということだったんです。
プロ奢ラレヤー君がやっていることも、濁世にいながらにして、濁世からいかにして逃れられるかなんです。たとえ彼一人が救われるんだとしても。彼自身の振る舞いによって、汚れた世の中を乗り越えていく道があることを誘う「思想」なのかもしれません。日蓮的です。

伊藤　プロ奢ラレヤーは日蓮に当たるんですね。

奥野　現代の日蓮です。日蓮って面白くて、「南無阿弥陀仏」と唱える念仏は駄目だと言ったんです。じゃあ何をすればいいのかというと『法華経』という経典、「本」に帰依するだけでよいと言うのです。「南無妙法蓮華経」の題目を唱えさえすればいいのです。『法華経』によって、衆生の成仏が約束される。

――　そこは「モノ」なのですね。

奥野　そう。念仏を唱えれば浄土に行けるということを批判して、日蓮は、オルタナティヴを出したのですが、結局、太鼓を叩いて、「南無妙法蓮華経」を唱えることによって、浄土系の人たちと同じようなやり方をするようになったのです。念仏が駄目だと言いながら、『法華経』に対する帰依をお題目として唱えるようになったのです。ありとあらゆる全ての存在が求めている至福の境地が『法華経』という経典、つまり本の中に説かれているゆえに、経典に帰依するだけでいいというんです。批判する側が批判されている側にある意味取り込まれてしまっている。
末法の世に日蓮は、念仏信仰を批難して、『法華経』に帰依することだけを唱えればいいんだと言った。それと同じように、プロ奢ラレヤー君は、この末法の世のような資本主義社会で生きていくのは、嫌なことだらけなので、なんの生産活動をせずに好きなことだけをして、奢られて生きていこうと決意する。そのことを日蓮のようには広めてはいないですが、少なからず社会に影響を与え始めているのかもしれません。その上で、近い将来、資本主義の親分みたいな暮らしをするようになってしまう可能性もありますね。結局1ミリも変わらない可能性さえある。

反対に、プロ奢ラレヤー君の問題提起は、ある意味、現代世界を覆う資本主義をひっくり返すようなレベルのものすごい爆弾なのかもしれません。ただ、その問題提起は、現世でやらなくてもいい。濁世じゃなくて浄土で、死んでから救われると説くこともできる。それだとなんだか新興宗教のようで、多分敬遠されるのでしょう。

プロ奢ラレヤー君は、濁世ではもはや救われないと言うこともできなくはない。ところが、そうは言わない。その点で、彼はこの現世の生に執着しているようにも思えます。奢られないと、お金をもらわないと生きていけないということまでは捨て切れないわけです。その意味で、自分に対する執着、我執を捨てていない。

伊藤　面白い。

奥野　彼のフィールドワークは面白いのではないかと思います。

伊藤　本当にぼくも人類学の人が彼に興味を持ったら面白いなと。

奥野　面白いかもしれません。

ムラブリとして生きるということ

伊藤雄馬

伊藤雄馬さんはフィールド言語学者。奥野さんからすればその姿勢は「人類学の本質に近い」のだと言います。それは、インゴルドが言っている「with」というもの、「with ムラブリ」というものを、自分の中に背負っている、自分のうちに浸透させながら歩いているということ。それにとどまらず、伊藤さんはその「with」を超えて「as ムラブリ」として生きることに決めました。その新しいあり方から、私達は何を見出せるでしょうか。

ムラブリに行かなかったわけ

コロナ禍でムラブリを訪問できずにいた。3年ぶりに村を訪れる予定だった2023年1月、ぼくは渡航を2週間前に控え、目前にやめてしまった。

この件は『ムラブリ』（集英社インターナショナル、2023）の「おわりに」でも書いた。『ムラブリ』という本なのに、最後にムラブリに会わない決断をしている。変な話だ。まるでムラブリ研究をやめるかのような態度。けど、そうではない。ぼくの中では明確な理由がある。ムラブリに会うことだけがムラブリ研究ではないからだ。ぼくはそう考え、行動した。

むしろ、ムラブリに会いに行かない方が、よりムラブリ研究ができる、とさえ考えている。その理由を語るには、ぼくのムラブリ研究の変遷を追う必要がある。

ofからwithへの変遷

人類学者のティム・インゴルドは、人類学のofからwithへの移行を謳っている。人類学者は、民族誌を書くこと、つまり人々を記述するのが仕事といわれるが、インゴルドは「人々とともにする哲学である」（インゴルド2020：9）と人類学を定義し直している。言語学でも同様の流れがある。

20世紀初頭、アメリカ構造主義言語学はネイティブアメリカンの言語を研究する。その時代には、辞書、文法書、テキストの〝三点セット〟をつくることが言語学者の仕事だった。その仕事は、現代の記述言語学にも引き継がれており、博士論文として言語の〝三点セット〟を提出するのが定番となっている。

構造主義時代に書かれた文法書は数あれど、その分析は現代の言語学の論文ではほぼ引用されない。分析の前提となる理論が異なるからだ。言語の記述はその時代の言語理論によって分析され、その枠組みの影響下にある。よって、参照するのはもっぱら辞書とテキストだけになる。ノーム・チョムスキーの言語普遍性に異論を唱える言語学者、ニコラス・エヴァンズによれば、文法書は、流行りの理論に左右されないためにも対象の言語によって書かれるのが理想だという。

ぼくも彼の言葉に一つの理想を見た。言語学の術語を用いずに、ムラブリ語の文法書をムラブリ語で書く。ムラブリとともに文法を構築し、ムラブリが納得する文法書を書く。それをするためにはムラブリとともに調査・研究する必要がある。

実際に調査者とともに調査を進めるスタイルも最近では取られ始めている。

ニコラス・エヴァンズの *Dying Words: Endangered Languages and What They Have to Tell Us* の翻訳書である『危機言語』の表紙には、言語ドキュメンテーションを行う、オーストラリア先住民の写真が掲載されている＊次頁図。

まさに、of から with の変遷が言語学にも見て取れる。

ぼくのムラブリ語研究もまず of から始まった。

ムラブリ語の音韻体系を明らかにするために、語彙を収集する日々。むりやりお金を払って調査しようとしていて嫌われたりもした。ムラブリ語のデータは集まり、音の体系の理解は進む一方で、ムラブリ語はさっぱり話せなかった。

タイ語で調査ができるから、とそれほどムラブリ語を話そうとすることもなかったからだ。

驚かれるかもしれないが、言語学者がフィールドワークをしている対象の言語を流暢に話せるようになることは、調査上は必須ではない。媒介言語が十分に話せれば、学術研究は十分に遂行できると考えられているふしがある。当時のぼくも研究成果を出すために必死だったので、ムラブリ語のデータを取ることばかりに集中していて、実際にムラブリ語を話せるようになるかどうかは大切にしていなかった。

そんな中、人類学者の二文字屋脩さんが同時期に長期のフィールドワークに入る。二文字屋さんはぼくをよこ目にあっという間にムラブリ語を話せるようになった。ブロークンではあるものの、愉快にムラブリと酒を飲み交わす二文字屋さんの姿を見て、ぼくは複雑だった。ム

ニコラス・エヴァンズ 2013『危機言語：言語の消滅でわれわれは何を失うのか』大西正幸・長田俊樹・森若葉訳、京都大学学術出版会

ラブリ語についての知識はぼくの方があるはずだ。けれど、ぼくは全然話せるようにならない。その差は何なのか。

一つは、言語学者としてのプライドだろう。正確な発音ができる。文法的に正しい文を話すことができる。そのあたりは二文字屋さんと差別化できるところ。そこにぼくのアイデンティティーを見出したがために、ブロークンでは話せなくなった。

第二言語習得理論にモニター仮説というものがある。習得と学習を区別する理論で、習得は無意識に、学習は意識的になされるものとされる。習得されたシステムが発話の生成を行い、学習された知識はその発話が正しいかどうかをチェックする「モニター」などとして働く。ぼくの場合、このモニター機能が強かった。文法を意識的に体系づけて学習することを目指した結果、モニター機能ばかりが充実し、ムラブリ語の習得が思うように進まなかったのだろう。

そして、もう一つ、決定的に違ったのは、関心のありかだ。ぼくはムラブリ語に関心があった。ムラブリと話していても、発音が気になって聞き直し、単語だけを拾ってメモをし、興味のある文構造が現れる場面を狙った質問を繰り返した。そのせいで、会話は支離滅裂で、ムラブリのみんなは終始困惑していた。それでも、彼らは親切心からか、調査に付き合ってくれていた。こう書きながら、申しわけなくなってくる。

二文字屋さんは自己主張にとても長けていたため、思っていることを言語化して誰かに意見を言うことをためらわない。ぼくは引っ込み思案で、自己主張することは少なく、口も立たない。そういった個人的な傾向も言語習得の速度に影響しているとは思う。

しかし、何よりも二文字屋さんの関心がムラブリ自身にあったのが効いていた。彼らが何を食べているのか、家族構成は、どんなことを日々感じ、生きているのか。その結果、二文字屋さんはムラブリ語をあっという間に習得した。もちろん、彼もノートを取って「勉強は大事だね」と話していたことはある。それでもムラブリ語についてはぼくの方がずっと知っている。ここまで話す力に差が出るのは、むしろ清々しいくらいだった。

そんな二文字屋さんの姿を見て、ぼくはやり方を改めた。ムラブリ自身に興味を持つこと。そもそも、僕はムラブリ語を話せるようになりたい、そう思って研究を始めたのだった。だから、ムラブリ語でまず話そう。調査のためだけの会話ではなくて、ただ彼らの話していることをまねたり、彼らと日常会話をしよう。そう改心して、いざ村で暮らしてみると、日常会話の全くできない自分に気付いた。英会話でも、日常会話が一番難しかったりする。そもそも言いたいことが思い浮かばないのだ。ムラブリのみんなが今まで僕に何を話しかけていたのかさえ、すぐには思い出せなかった。

改めてムラブリが日常会話で何を話しているかを観察してみると、家族の話が多いことが分かった。父はどこにいるのか。ずいぶん会ってないな。母は誰だ。畑に行っているのか。兄はどこか。学校か。

このような質問が続くのだ。久しぶりに会った親戚との会話のようだが、同じ村に住む人同士の会話だ。家族の話題が日常会話の土台になっているのだ。

ムラブリは、500人程度の小さい集団だから、家族のことを聞けば自分の生活との接点が見つかる。その接点を見つけるための会話なのだろう。

それに気付いてから、僕は写真を印刷して村に持って行くことにした。家族の写真や、友達と写っている写真を見せて、これは父だ、これは母、遠くにいる。年に数回しか会わないなど、そんな話をするようになった。するとムラブリは落ち着くのか、そこから別の話題に移るのだった。

多くは森についてのことだ。でっかい蛇がいたこと。たくさん竹虫が取れたこと。あのおばあさんがバッグづくりに必要な植物をたくさん採ってきたこと。会話の流れのパターンが見えるようになるにつれて、ムラブリ語が話せるようになっていった。話せるようになると、彼らが何を考えているかが気になってくる。生活が少しずつ見えてきて、人間関係の濃淡も見えてくる。

二文字屋さんとの共著論文で、関係名称についての論文を書くための調査を行なったのもその時期だ。関係名称とは、「親」「父母」「夫妻」など、親族血縁を表す表現のことで、これを調査するためには具体的な例が必要だった。何せ、ムラブリには抽象的な仮定が通用しない。

「もし、ぼくに弟がいて、その弟が結婚したとしたら、弟の妻はぼくのことを何て呼ぶ?」などと聞くと、「ユウマは弟がいたのか、それは誰だ」という話になる。

「いや、いないんだけど」と答えようものなら、「それは難しい、分からない」と言われる。こんな具合だ。

若い人は仮定の話でも理解してくれるが、あまり関係名称を知らなかったりする。お年寄りの方は知識は豊富だが、仮定の話が通用しない。ジレンマだ。

だから、具体例をもって質問しなければならない。村の中での人間関係を把握して、あの人はあの人をどう呼ぶか、という具体的な質問をする必要があった。村の人々の関係性を自然と知ることになった。毎朝、二文字屋さんとミーティングをして、今日は誰に何を聞くか、どこに狙いを定めるかを考えた。コーヒーを飲みながら議論したのはよい思い出だ。その論文の調査を終える頃には、ムラブリ語を話すことがふつうになっていた。

それからほどなくして、国際協力の才田春夫先生や学生とムラブリの村に行くようになった。それから、ムラブリ語の会話力は飛躍的に伸びた。ムラブリが村で何をしたいのか、ムラブリが何を求めているのかを尋ねたり、一緒に作業をする機会が増えたからだ。ムラブリは集団としてまとまった意見はない。だから一人一人と話しながら気持ちを聞いて、こちらから何をするか提案していく必要があった。

村の清掃から始まり、歩道の整備、水源の掃除、水道の修理、果樹の植林など、ムラブリと相談しながらいくつかのプロジェクトを行なった。

この期間、ぼくは日本語とムラブリ語の通訳者だった。これでだいぶ鍛えられた。また、ムラブリ語の研究も質的にかなり変化した。

調査票を用いて調査するだけでなく、人々の何気ない会話から新しい構文に気付いたり、日常会話の中で無理のない範囲で新しい語彙について尋ねたりすることができるようになった。余裕ができたとも言える。この頃には、もう調査の約束を無理に取り付けることもなく、日常の中で拾った表現を確認しながら、語彙を集めたり文法を確認したりすることが主な手法になっていった。

また、ムラブリが主体的にぼくに何かを教えてくれることもあった。ぼくが休んでいても、森から採ってきた植物を見せながら教えてくれるようにもなった。

ある日、タイの大学の学生たちが村に来たことがあった。その時に、ムラブリの青年がぼくのことを学生たちにこう紹介していた。

「彼はわたしたちの言語を研究していて、単語をたくさん集めています。ムラブリ語にはたくさん単語があるんです。森にあるものには全て名前があります」。そうやってぼくの研究を代弁してくれていた。

ムラブリ語を話せないまま、焦ってムラブリ語を研究していた「of」の時代を経て、ムラブリとともにムラブリ語を研究する「with」への移行が、二文字屋さん、才田先生や学生との縁によって達成されていたんだな、とその光景を思い返して今は思う。

「お前はムラブリにはなれない」

このように、ムラブリとともに研究する学者として受け入れられたかのように見えたぼくを打ちのめす経験がある。

警戒心の強いムラブリは、よそ者を「クワル」（猿を意味するクオルを言葉遊びで変化させた語）と呼び、避ける。いまだにぼくも「クワル」と呼ばれ、咄嗟に訂正される。「クワル、違う、ユウマが来たよ」、そんなことがよくあるのだ。10年以上通っても「クワル」と呼ばれることは少し堪えるが、それは大した問題ではない。

ぼくには擬制家族（血縁はないが、社会的に承認された親族関係）がいる。きっかけは、タクウェーンという当時60代の男性の孫とみなされたことだった。ムラブリ語では名前の前に敬称をつけて言い表す文化がある。年配の男性にはタ、年配の女性にはヤ、それ以外はイを名前の前につける。だから、タクウェーンは日本語で言えば「クウェーンおじさん」と訳せる。ただ、クウェーンおじさんというよりも、ぼくにとってタクウェーンはタクウェーンとしか呼べないので、ここでもタクウェーンと呼ばせていただく。

タクウェーンはムラブリにしては背が高く、170センチメートル以上あった。顔は面長で、鼻は高く、凛々しくも優しい垂れ目をしている人だ。見かけの通り、彼は優しい人で、穏やかだった。森で暮らした経験も長く、ぼくは彼のもとに毎日のように通い、ムラブリについてあれこれ聞いていた。そのおかげで、ぼくはいつのまにかタクウェーンの「孫」と認識されるようになった。

「ユウマ、お前はタクウェーンの孫だ。だからあそこの彼はお前の兄だな。あれはお前の妹だ」

そんなふうにぼくはムラブリのネットワークに組み込まれていった。

同時期に長期のフィールドに来ていた二文字屋さんはぼくよりも早く擬制家族ができ、そのおかげで調査もうまくいっているようだった。ムラブリ語をぼくよりずっと流暢に話す彼は、よりムラブリらしく見えた。

ぼくはある日、昼間から始められた飲み会に参加した。珍しくタクウェーンも加わっていた。とはいっても、タクウェーンはお酒を飲まない。隣で座っているだけだ。

酔っ払った勢いでぼくは「自分ってムラブリになれるかな？」とタクウェーンに尋ねた。二文字屋さんが他のムラブリの男性たちと楽しそうに歓談している横でだ。一矢報いたい。そんな気分だったのだろう。しかし、タクウェーンは静かに「なれない」と答えた。普段は温和で言葉遣いも大人しい人だけれど、この質問に対してはあまりにもキッパリとした答えが返ってきた。ムラブリにしては珍しい断言だ。

ぼくは少なからず動揺した。「コォ（そう）」とだけ答えるのがやっとだった。なぜムラブリになれないのかは理解したわけではなかったが、ぼくは心の底から納得していた。

このエピソードをことあるごとに思い出す。タクウェーンはもう亡くなってしまったけれど、ぼくはムラブリの中では今でもタクウェーンの孫だ。

相手の立場になる

「他人になれたらいいのにな」と思うことがたまにある。「その人のことをよく知りたい」という動機からそう思うこともあれば、「その人から自分がどう思われているかはっきりさせたい」などの少し覗きに近い気持ちからそう思うこともある。こんなふうに願うのは、自分が他人になれないことをわかっているからだ。

けれども、その不可能性があたかも無視できるかのごとく、「相手の気持ちになって考えること」は一般的に奨励されている。ぼくは両親から「それを他の誰かがしてきたらどう思う?」とよく言われてきた。「相手の嫌がることをしてはいけません」という意味だ。

もちろん、そこに反論はなく、今でもその教えはそれなりに活きているのだが、しかし少し思うところもある。つまり、「相手の嫌なことってわかんなくね?」と思うわけだ。

自分の嫌なことは分かる。ぼくは嫌なことがあると、たいていその場から逃げ出す。体が受け付けないのだ。けれど、その「逃げ出したくなる場」が他人と同じではないこともわかっている。「相手の身になって考えてみなさい」は、確かに有用だけれども、やっていることは結局、自分の価値観を相手に押し付けている場合がほとんどだ。「自分は遅刻されるとイライラするから、遅刻しないでおこう」とか、「一人になる時間が自分は必要だから、適度に連絡を取らないでおこう」などだが、後者はそれで「大切にされていない」と逆に怒られてしまった。難しい。

相手の立場に立つことは本当に達成できるものなのだろうか？　もし、相手の立場に立てるのならば、どのように可能なのだろうか？

この問いは毎日突き付けられる身近な課題だ。また「ムラブリになれない」と言われてしまったぼくにとっては、学術的な問いでもある。ムラブリにはなれない。それでもムラブリに近付きたい。それはどのような営みなのだろうか？

この問題をパースペクティヴィズムの問題として考えてみたい。

パースペクティヴィズムとは、ありていに言えば「見る人が違えば、世界も異なる」という立場のことである。「相手の立場に立って考える」ことをどうやって実践していくかを考える時に、このパースペクティヴィズムやそれに関係の深い多自然主義が重要なヒントになるのではないか、と今の自分は考えている。これらは最近の人類学の理論だから、ぼくが語るよりも奥野さんに説明いただいた方がいいと思うのだけれど（50頁の論考参照）、とりあえずぼくの理解をぼくの言葉で書くこともこの論考では必要だと思うから、厚顔無恥を承知で書かせていただくことにする。

多自然主義

多自然主義は読んで字のごとく、自然がたくさんある、という思想だ。エドゥアルド・ヴィヴェイロス・デ・カストロという人類学者が提唱したもので、彼はアメリカ大陸の先住民の話を引用しながら、これまであった多文化主義、つまり自然は一つで文化がたくさんあるという考えに対して疑問を投げかけている。

多文化主義は、馴染みのある考えで、違和感を抱きづらい。世界という一つだけの自然がまずあり、それを様々な文化が色々な形で受容している。それは端的に言語に表れている。

例えば、ある植物が生えているとする。その植物を日本語では「松」、英語の文化では「pine」、タイ語では「son」と別の名前で呼んでいる。このそれぞれの名前が文化だ。そう考えると、文化はたくさんあってそれぞれ異なる。けれど、別々の名前が付けられている植物は「同じ＝一つ」である。それは例えばPinus thunbergii（黒松）であるのだが、文化によって色々な名前が付けられている、と考えるわけだ。だから文化は多様であり、自然は一つだ、というのが、今日の素朴な世界理解であると思う。

けれど、よくよく考えてみると、多文化主義の前提になっている「自然が一つ」はどこから来たんだ？　という疑問が残る。右の例では学名を自然の代わりに代表させたが、学名も人がつくりだしたものだから文化の一つだ。学名がなくても、黒松は存在する。すると、自然とはどこにあるのだろうか？　簡単ではなさそうだ。

ヴィヴェイロス・デ・カストロは、そんな問題を残す多文化主義に対して、多自然主義を提唱する。つまり、「自然がたくさん」あり、「文化は一つ」という捉え方だ。

この発想は、アメリカ大陸の先住民の考え方に影響を受けている。「アメリカ大陸先住民のパースペクティヴィズムと多自然主義」という論文で、大航海時代に大アンティル諸島へ訪れた調査団の白人たちを、先住民が「人間か精霊か」を確かめるために溺死させる逸話が出てくる（ヴィヴェイロス・デ・カストロ　２０１６）。レヴィ＝ストロースの『構造人類学＝』にも登場するエピソードだ。

もちろん「未開で野蛮な民族がいる」などと言いたいのではない。彼らがなぜそのような振る舞いをするのか、について考えたいのだ。ヴィヴェイロス・デ・カストロは、先住民が白人たちを溺死させたのは、「魂」を持っているか確かめるためだ、と考えた。白人たちが死んだあと、自分たちと同じように腐敗するならば、彼らも同じ「魂」を持った存在だ、と大アンティル諸島の人々は考えているのだという。この「魂を持つこと＝文化」が多自然主義の立場だ。

「血」と「マニオク酒」

「魂」＝文化だとすると、自然とは何だろう。それは身体だ。人も動物も死ねば腐敗し、魂が抜ける。大アンティル諸島の人々のような多自然主義の立場からみれば、人に限らず動物も同じ文化を共有する同族だ。しかし、身体が異なっているため、身体に根ざしたパースペクティヴが異なる。

アメリカ大陸のある民族では、人から見れば「血」と呼ばれるものが、ジャガーから見れば「マニオク酒（キャッサバ酒）」だと考えられている。人という身体とジャガーという身体では、同じものでも違って見えるという多自然主義的な態度の現れだとカストロはいう（ヴィヴェイロス・デ・カストロ２０１６：43）。これも分かるようで分かりにくいので、別の言い方をしてみて僕の理解を示したい。

人とジャガーのように、種が異なり、あきらかに違う身体を持つ例を持ち出さずとも、そもそも人と人でも同じことだ。誰もが別々の身体を生きている。物理的に異なる身体は同じ空間に同時存在することはできない。だから例えば、別々の２人が同じコップを同じ場所から見ようとしても、同じ瞬間には達成できない。移動するとしても、どんなに短くても、数秒はかかってしまう。また、見られるコップも同じではない。静体としてのコップは数秒程度が経過したくらいだと、ヒトの認知範囲では変化がないように見える。しかし、ミクロレベルではコップを構成する元素（ガラスならケイ素だろうか）の電子などの素粒子は、光速に近い速さ（秒速約30万キロメートル）で運動している。マクロレベルでも地球の自転や公転、さらに天の川銀河までズームアウトすると秒速600キロメートルで動いている。ヒトの認知外においては、とてつもない速さでコップは変動し続けている。いつか見たコップと全く同じコップを見ることは、誰にも叶わないのだ。

この意味で、物理的な身体を持つそれぞれの存在は、共有できない固有の世界を生きている。それぞれの見ている世界を「自然」と呼ぶのであれば、存在の数だけ自然があることになり、まさしく「多自然」だ。

さらに言えば、身体とは「ハビトゥス（日常生活の慣習的な行為や認知を無意識下で方向付けるシステム［著者註］）を構成する、情態や存在の様態の集合体である」（ヴィヴェイロス・デ・カストロ2016：58）とカストロは前出した論文でいっている。つまり、ヴィヴェイロス・デ・カストロによれば「自然」の依り代となる身体は、物理的な肉体だけではなく、無自覚のうちに規定される心理的傾向といった、非物理的な領域を含んでいる。

他分野における多自然主義

身体が違えば見える世界が異なる。同じような考えを持つ人は他分野にもいる。一例として生物学者のフォン・ユクスキュルは「環世界」という言葉を提唱している（ユクスキュル2005）。例えば、昆虫は人間には見えない紫外線が見える。だから、人間からすると地味な蝶や蛾が、とても派手だったり、人間の目だと区別できないオスとメスが、蝶の感じられる波長で見ると、はっきり違ったりするらしい。

これは視覚的なものに限定しているけれど、人間が見ている世界が全てではないという一つの例だろう。

ユクスキュルは、この世界に住むのは人間だけではなく、様々な生き物が生きる世界であり、それぞれの種によってその感じられる世界は全く違うものであること、さらにそれらの異なる世界が同時に存在していることを指摘し、それを「環世界」と表現した。

言語学でも「多自然主義」的な考え方がある。言語相対論、サピア＝ウォーフの仮説だ（サピア&ウォーフ1995）。ネイティブアメリカンの言語を調査した言語学者であるエドワード・サピアと、その弟子であるベンジャミン・ウォーフが提唱したもので、「人の思考は言語によって規定されている」という仮説を指す。つまり、言葉が違うと世界の見え方も違うんじゃないか、ということだ。これは身体が違えば世界の見え方が違うんじゃないか、という多自然主義と相似だ。

ただこの考えは魅力的ではあるし経験的には正しそうに聞こえるけれども、検証が難しいため、長い間仮説にとどまっていた。

しかし、20世紀の後半から、テクノロジーの発達により、検証方法が確立された結果、言語が違うと認知が異なる、という実験結果がいくつも登場した。例えば、オーストラリのアボリジニによって話されるクウク・サアレッヨ語は、「右」「左」という言葉がない。全て東西南北で説明する。コップを動かす時は「北北東に動かして」と言ったり、あいさつで「どこへ行くの？」と聞かれたら「南西に行くよ」などと返すのだという（Gaby 2017）。しかも、それは適当に言っているのではなく、正確な方角を言っているのだ。クウク・サアレッヨ語を話すには、常に方角を正確に把握する必要がある。その結果、クウク・サアレッヨ語の話者は方角を知る力がぼくたちよりも強いのだ。

このように、サピア＝ウォーフの仮説を支持する研究成果が登場したことで、言語学においても多自然主義的な議論を展開する用意が整いつつあるように感じる。

パースペクティヴィズムと客観的事実

人の数だけ世界があり、動物や虫など人以外の世界も無数にある。それが多自然主義やパースペクティヴィズムの見る世界だ。そこでいわれていることはとても魅力的だ。一方で、これまでの科学の営みを否定することにも繋がりかねない。

パースペクティヴィズムを隙間なく適応すると、「相手の立場にはなれない」という先の問題が浮上してくる。相手の立場になれないのだとすれば、客観的事実にはたどり着けない。科学とは客観的事実によって積み上げられていくものだ。客観的事実がないと、共通の基盤がなくなり、これまで科学的と呼ばれてきた議論は意味を成さないかのように感じられる。もし世界が人によって異なるのならば、別々の世界に住むぼくたちがどうやって言語を用いて議論できるだろうか？

これは、今のぼくにとっての最大の課題だ。言語の理解にも関わるし、どうやったらムラブリとして研究できるか、という問いにも繋がる。少し遠回りになるかもしれないが、今のぼくの考えをまとめてみたい。

科学者の自己と芸術家の自己

パースペクティヴィズムの提示する世界を考える時にぼくの中に起こる混乱は、おそらく自己が一つに限られる、という考えから来ているように感じられる。複数の自己の存在を認めることが、この矛盾を乗り越えていく手立てになると考えるからだ。

ぼくは、少なくともまず、「科学者の自己」と「芸術家の自己」の二つの自己を区別することから始める必要があると考えている。その二つの違いを表にして下に示す。

科学者の自己	芸術家の自己
主語が it 客観的 真／偽 （正しいかどうか） 世界は一つ	主語が I 主観的 誠／嘘 （経験に誠実かどうか） 世界は無限に異なる

この二つの自己の存在を説明するために、ある実験をしてみよう。

まず、目の前のものを触る。みなさんの場合、おそらくこの本だろう。この本の表面を手で触ってみてほしい。そして、その感覚を言葉にしてほしいと思う。

＊＊

どうだろうか？

この「感覚の言語化テスト」は、ワークショップの導入として、最近よくやっているのだが、その結果にはある偏りがある。

それは対象を主語に選ぶ傾向だ。「(紙が) サラサラしてる」「(本が) 平ら」「(本の温度が) ぬるい」など、触っている対象、つまり三人称の文をつくる人がほとんどなのである。

ぼくは「その感覚を言葉にしてください」としか言っていない。けれど、9割以上もの人が対象がどんな状態かを口にするのだ。

では残りの1割の人は何と言うのか？「好き／嫌い」「肩凝ってるな～」などだ。つまり、主語が「わたし」、一人称の文だ。

三人称で語る時を「科学者の自己」、一人称の時を「芸術家の自己」と呼んでいる。

この二つの自己は切り替えることが可能だ。本を触って「(本が) サラサラしている」と本を主語に言語化した人でも、自分がどのように感じているかに注意を向けると「緊張していま す」など、わたしが主語の文をつくることができる。つまり人は、科学者の自己と芸術家の自己を切り替えて、日々を生きているのだ。

科学者の自己と芸術家の自己を切り替えられるのは、それらが同時に存在しているからだ。例えば、流れる水道水を触って「水が冷たい」と言語化したとする。この言語化は主語が対象であり三人称の「水」なので、科学者の自己として発言している。

ここで注目したいのが「冷たい」という形容詞だ。「冷たい」は相対的な感覚である。水の温度が手の温度より相対的に低いときの感覚を「冷たい」と呼んでいる。その証拠に、冬にかじかんだ手で水道水を触ると「水が温かい」と感じられる。これは手の温度が低くなっていて、水の温度が相対的に高くなるからだ。このように、「冷たい／温かい」は相対的なものだ。

「冷たい」という言葉があることで、あたかもそれが単独で存在するかのように勘違いしてしまうが、「冷たい」と感じられる背後には「温かい」が必ず存在している。水道水に触って「水が冷たい」とあなたが言う時、その瞬間、同時に「私の手が温かい」も感じているからだ。言語化するときは、そのどちらかに注目して、切り離して述べる必要がある。

「水が冷たい」と感じるのも、「私の手が温かい」と感じるのも、どちらも自分である。しかし、本論ではこの二つの自分を区別する。「水が冷たい」と外側の対象に注目するのが科学者の自己であり、「私の手が温かい」と内側の感覚に目を向けるのが芸術家の自己である。この二つは同時に存在していて、どちらの自己に軸足を置くかは、その都度その都度、個人が決めているのだ。

真偽と誠嘘

科学者の自己として言語化することには慣れているが、芸術家の自己として感覚を言語化するのが難しいと感じる人は多い。どの言葉もしっくりこなくなるのだ。何か言葉を当てはめた瞬間に、自分の感覚ではなくなってしまう。そんな気がして言葉にすることができないと感じるようだ。芸術家の自己の世界は主観的な感覚が全てで、感覚は刻一刻と変化する。それを相手に伝えようとした時に、その術のなさに愕然としてしまうほどだ。つまり、芸術家の自己の世界にいる私たちは「世界は無限に異なる」ため、共有が困難であることを突き付けられているのだ。

一方で、科学者の自己として言語化する時は、そのような迷いはほとんど現れない。水は冷たく、透明で、このくらいの重さだ、と疑いもなくはっきりと言い切ることができるし、相手にも伝わっていると考えている。科学者の自己は誰もが共有している世界があり、客観的な事実があると考えているのだ。その世界の中では、正しいことがあり、間違ったことがある。それは誰もが同意できる形で共有されうる。つまり、科学者の自己にとって「世界は一つ」なのである。

このように、科学者の自己と芸術家の自己が感じている世界は矛盾している。

その立場の違いをより明確にするために、夢について言語化することを考えてみよう。あなたは昨晩、旧友と会う夢を見た。夢だから何をしたか朧げだが、もうすでに潰れた中華料理屋さんで談笑していた。そこで、なぜか大きな馬の顔をした人も友人として出てきて、さも仲の良い雰囲気で食事会が進んだ。そんな夢を見たとする。

さて、これは紛れもなくあなたの夢だが、科学者の自己からすれば、これはただの夢であり現実ではない。旧友とはしばらく会っていないどころか連絡も取っていないし、中華料理店は潰れているので食事をすることはできない。さらに馬の顔をした人間は（多分）確認されていないし、存在したとしてもそんな友人はいない。よって、夢で見たことは現実に起きたことではない。この夢で見た出来事は、古典的な真理値で言えば「偽（false）」である。

一方で、芸術家の自己においては、夢の中の出来事は紛れもなく経験したことだ。その中華料理屋の匂いや空気感は当時のように感じられたし、旧友と話した内容は支離滅裂だったけれども楽しく、馬頭の人の存在に疑問を持たなかった自分がいたという「後味」は感触として残っている。その証拠に、夢であったことを言語化する時に、あなたはどう言えば適切かを選ぶことができる。その時の感覚を相手に伝えるのに、上手くいく場合と上手くいかない場合を想定している。つまり、誠実に言語化する道があなたにだけ委ねられていることを知っているのだ。

夢を正確に語ろうと語るまいと、科学者の自己からすれば、それは意味のないことである。なぜならば、真理値は「偽」であり、それは覆らないからだ。しかし、芸術家の自己からすれば、それが他人に理解されようがされまいが、自分の感覚を反映しているかどうかの判定が自分だけにはできると感じており、そこに取り組める状況に自分があることを自覚している。おそらく、この二つの側面を自分のうちに備えていることに誰もが気付くだろう。

科学者の自己にとっては真偽が重要になるが、芸術家の自己にとっては真偽よりも、「自分の感覚に誠実かどうか」、いうなれば「誠か嘘」の「誠嘘」が指標になる。

芸術家の自己は、無限の異なりを見せる自己の感覚の世界にいる自己だ。そこで表現する時にできることは、その個別の感覚をなるべく損なわずに言語化することのみだ。その場その瞬間の自分の身体に閉じられた感覚を、言語に託す営みをどれだけ慎重にやっても、出てくるのはすでに使い古された語彙であり文法だ。自分でつくった語彙で話そうにも、受け手はそれが分からない。だから仕方なく、相手も知っている既存の言語体系の中に、自分の経験を詰め込んで話す。その行為の中には、感覚をいかに損なわずに記述できるかという誠実さだけが頼りだ。それは論理学のいう真偽とは、また別軸の話だろう。

二つの自己の具体例

色の表現で二つの自己の違いをさらに考えてみたい。

例えばある植物を見て、この色は緑だ、いや青だ、と言う人たちがいて、お互いに言い表す色が違ったとする。その時、「どちらの色が正しいか」と議論をするのは科学者の自己で、「あなたはそう表現するんだね」「好き／嫌い」と好みをいうのは、芸術家の自己だ。

科学者の自己は、世界は一つで、正しさは決められると考えている。「なぜあなたは緑だと判断したんですか？」「なぜならこの数値を見ると、こうだからです」「そうなんですね。でも私はここを見て、こう測ったので青色というのが正しいと思います」。そのような議論になる。

芸術家の自己は、見ている世界が無限に異なるから議論が起きない。「あなたは緑と呼ぶんだね、ぼくは青と呼ぶ方がより適切かな」「そうなんだ、私は青と言う方が好きかな」。このように好みの話になる。

この二つの自己は個人の中に同時存在している。科学者の自己だけでも、芸術家の自己だけでも、言語現象は説明がつかない。

科学者の自己から見れば、世界は一つであり、それは共有するまでもない。わざわざ伝えなくても、同じものを見ているのだから、言葉にして伝える必要はない。

芸術家の自己は、無限に異なる世界に住んでおり、相手と同じものを見ていると感じることはできないはずだ。全く別の世界を生きているのだから、他者と共有できるものがあるとは考えられず、この場合も他者に伝えようとする動機は生じない。

けれど、ぼくたちは、一人一人が違うものを見ているという前提のもとで、それを言語化して伝えられると素朴に信じている。言語によるコミュニケーションを支えるこの信仰こそが、二つの矛盾する自己が自らの内に同時存在する、何よりの証拠だとぼくは考える。

科学者の自己と多文化主義、芸術家の自己と多自然主義

現代は科学の時代であり、科学者の自己が優勢である。学校教育では科学者の自己で物事を語ることを訓練し、社会生活でも「個人の感想」を言おうとする芸術家の自己は丁寧に排除される。

大学教育ではそれが顕著だ。ウンベルト・エーコの『論文作法』での教えに、「私」と書くのを止めよう、というのがある。客観性や再現性が求められる科学の世界では、主語は常に外部の世界であり、それは「ご」だ。「ご」の世界は万人に共有可能なものであるがゆえに、唯一のものだという前提がある。

この科学的な態度から、ぼくは科学者の自己という名付けを行なった。現代の教育では、この科学者の自己が重要視される。世界は一つであるという世界観の中で、唯一の正解があるという前提のもと、正しさを追求するために、議論する。証拠を集め、議論の果てに、誰もが納得できる正解にたどり着けるという世界にいるのが科学者の自己だ。

芸術家の自己はその対極にあり、一般には不遇だが、現代アートの文脈では益々その存在を強めている。マルセル・デュシャンの《泉》（1917）を筆頭に、壁にバナナをテープで引っ

付けて「これがアートです」と言われたもの（マウリツィオ・カテラン《Comedian》：２０１９）が、高額で取引される。作者が「アート」と言えば、誰も否定することはできないどころか、予想外なことを「アート」と呼ぶほど高い評価を受けているかのようだ。

それらが芸術かどうかは、議論できるものではない。作者本人だけが、芸術かどうかを判断できる地位にいる。それを覆すことは誰もできない。科学の世界で排除された「Ｉ（私）」のみの世界は無限に異なっており、唯一の正解は存在しようがない。その世界観に生きる自己を、芸術家の自己と名付けたのはこのためだ。現代アートは科学の時代に虐げられた芸術家の自己の反乱と見ることができるのかもしれない。

別の角度で見ると、科学者の自己は多文化主義を志向し、芸術家の自己は多自然主義を目指すとも捉えられる。世界は一つで、正解にたどり着くために、あらゆる文化（または個人）の見解を持って議論するのが科学者の自己の営みだ。一方で、芸術家の自己にとっては、死んだら朽ちる「魂（＝文化）」を持った身体の数だけ共有不可能な世界（＝自然）があり、その身体を生きることそのものが営みといえる。

この矛盾する二つの自己は本来同時存在しているが、分離が激しくなっている。その結果が、科学一辺倒の窮屈さであり、現代アートの横暴さだ。二つの自己を統合するためには、身体の復権が必要だろう。二つの矛盾する自己の生じる場所が身体だからだ。「水が冷たい」と「手が温かい」は同時に生じる。その時ぼくは無限に異なる世界から、特定のパースペクティヴを持つ身体を掘り起こしているのだ。

パースペクティヴィズムの実践としての身体改造

本論の「身体」は、科学者の自己と芸術家の自己が同時存在する瞬間に現れるものであり、多自然主義における身体とは異なる。前述したように、多自然主義の身体は芸術家の自己に近い概念だ。「ジャガーの立場になる」例から、二つの自己がいかに身体を現すかを見てみよう。

科学者の自己からすれば、相手の立場になるということは、相手を客観的に捉えようとする営みである。他の人が観察しても、同じように見るはずだ、という視点から観察を行うだろう。

科学者の自己がジャガーになりたい、ジャガーの気持ちを知りたいと思ったら、ジャガーを24時間観察したりビデオを撮ったりして、数値化できるものを数値化し、得られたデータを統計処理し、中央値のジャガーはどう生きているかを客観的に捉えようとするだろう。そのデータを様々な人と共有し、ジャガーになったらどう感じるかなどを推論しあい、議論していくことになるだろう。もしくはジャガーを捕まえて解剖し、内臓のつくりを観察して「こういう物を食べてるんだな」と理解したり、眼のつくりを解剖して「こういうつくりなんだから、世界はこういうふうに見えてるだろう」と想像する。

つまり、ジャガーを客観的な事象、つまり外部として取り扱うことで、ジャガーに迫ろうとするだろう。

しかし、この方法ではジャガーについて論じ、人を説得するのには役立つが、自分がジャガーといかに違うかというデータばかり強調され、自身がジャガーに近付く実践には繋がらない。ジャガーについての情報が集まれば集まるほど、ジャガーと自分は違うことが分かり、隔たりが強くなる。同じ世界を生きている前提で始めた営みは、自分がジャガーと別の世界に生きていることを何より思い知らされる結果となる。

芸術家の自己なら、ともかくまずジャガーに会いに行くだろう。ジャガーを目の前にして、時空間を共有した時の、主観的な経験を求めるはずだ。

その時の経験は、ドキドキするかもしれないし、怖いという感情を抱くかもしれない。ジャガーの視線や、唸り声、匂いを感じるかもしれない。その一つ一つは、その人だけのジャガーである。

しかし、それはジャガーの立場になったことにはならない。それは、私の経験であって、ジャガーの経験ではない。加えて、この感覚を生じさせているジャガーも、私の存在によって影響を受けている。その意味で、「純粋」なジャガーに私は出会えていない。私の目の前にいるのは「私によって影響を受けたジャガー」である。そうなると、私はジャガーを感覚しているようで、実は自分の世界を感覚しているに過ぎず、ジャガーの立場には一歩も近付けていないという結論に至る。それぞれの世界は異なるという立場は、目の前のジャガーを自分の内的世界に吸収してしまうのだ。世界は一つと考える科学者の自己を徹底すれば、ジャガーとの隔たりを深め、世界は無限に異なるとする芸術家の自己に徹すれば、ジャガーは自分に溶けて混ざり、どちらも皮肉な結果となる。

この二つの自己は相補的で、同時に働く時、身体が現れる。「冷たい」と「温かい」の境界に手が輪郭を持つように、世界と一体になった芸術家の自己を、科学者の自己が捉える瞬間、身体は新しい輪郭を持って生成される。それは身体改造に他ならない。

真っ先に思い浮かぶのは、人類学者レーン・ウィラースレフの紹介する、ユカギールの狩猟における動物の模倣だろう。ユカギールは狩猟の際、その動物の鳴き声や動きをまねて、狩猟対象の動物になりきることを、狩猟実践の一部として組み込んでいる。動物になりきることで、その動物の思考を追体験し、狩猟の成功に欠かせない動物的な勘を養っているのだ。つまり、彼らは人間の身体を脱ぎ捨てて、動物の身体に着替えようと試みている（ウィラースレフ2018）。

他の例としてぼくが思い出すのは、『人間をお休みしてヤギになってみた』（新潮文庫、2017）という本を書いた、トーマス・トウェイツだ。「人間を辞めたい。仕事が忙しい、毎日悩みごとがある、でも動物は悩みごとがなさそう。じゃあ動物になればいいんだ！」という短絡的ながらも本質的な問いを立て、それを実践した人だ。この実験的な研究実践で彼はイグノーベル賞を受賞している。

彼はユカギールの実践に勝るとも劣らない行動を示す。彼はヤギをまねて、四足歩行をし、羊毛を着てヤギの群れに紛れ込んで、草をはむ。それだけにとどまらず、ヤギの胃腸にいるバクテリアを自分にも移植しようとするのだ。腸内細菌が健康だけではなく、その人の性格にも影響を及ぼすという研究が最近はあるが、それを実践しようとする発想と行動力が素晴らしい。結局、バクテリアの移植は医者に止められてしまったものの、その発想はパースペクティヴィズムの実践として参考になるとぼくは考えている。

ぼくの場合は、ムラブリになりたいわけだが、ムラブリと同じ腸内環境を構築しようという発想はなかった。はからずもムラブリの村に滞在する間は、なるべくムラブリと同じものを食べ、ムラブリの飲む水を飲んだ。その影響があったかどうかは検証しようがないが、影響がなかったとは言えない。これは腸内細菌ではないかもしれないが、長期調査の際に、1ヶ月ほど原因不明の咳が続いた。それを経てから、村の空気に馴染めるようになり、落ち着いて村で過ごせるようになった。もしかしたら、内臓的なパースペクティヴィズムの実践が行われていたのかもしれない。

言語習得というパースペクティヴィズムの実践

言語は抽象的なものとして捉えられがちだが、話すことも書くことも、聞くことも読むことも、身体を経由している点で運動である。

話すことは、肺が空気を送り出し、声帯を微妙に調節しながら音を出し、それを口の中の舌や口蓋、歯や歯茎を用いて調音する。とても洗練された運動である。また、カストロは身体をハビトゥスなどの非物理的領域まで含めていた。だとするなら物理・非物理含めて、言語は身体の重要な部分だろう。

言語習得はまさしく、ユカギールの人々やトウェイツが動物の歩き方や鳴き方をまねたように、その身体に近付こうとする身体改造である。言語習得という身体改造、パースペクティヴィズムの実践によって、感性がまるごと取り替えられてしまう可能性をぼくたちは持っているのだ。

例えば、言語学者が狩猟採集民ピダハンの言語をフィールドワークする様子を描いた『ピダハン』では、言語学者のダニエル・エヴェレットがピダハン語でイガガイーと呼ばれる精霊をピダハンたちが見て騒いでいる場面に出くわす。

いま自分が目撃したものは何だったのだろう。あの夏の朝から20年以上もの間、わたしは自分の西洋文化とピダハンの文化とでは、現実をこんなにも別々に捉えることができるということの意味の重大さをつかむために、努力してきた。わたしには、川岸には誰もいないとピダハンを説得することはできなかった。一方彼らも、精霊はもちろん何かがいたとわたし

に信じさせることはできなかった。（エヴェレット2012：5）

きっとぼくにもイガガイーは見えない。しかし、ピダハン語に十分に熟達したのちには、イガガイーを見れるようになるかもしれない。ぼくはその可能性を追いかけている。

日本で生まれたぼくも、ピダハン語で「イガガイー」と口にすることができる。前述したように、話すことは洗練された運動であり、パースペクティヴィズムの実践、身体改造に他ならない。その身体改造の先には、イガガイーを見ている自分がいる。イガガイーを見た時、自分はピダハンの身体性を獲得し、ピダハンのイガガイーを「真に受ける」ことができたと言えるのだろう。

ムラブリ「として」生きて得たこと、失ったこと

ムラブリ語を学び、ムラブリの身体を模倣しようとし続けた結果、ムラブリ「として」生きるようになった。これが今の研究実践だ。ムラブリを研究する of の研究から、ムラブリとともに研究する with の研究、そしてムラブリ「として」研究する as の研究になったのだ。でもそれは具体的にいつから始まった、と言うことはできない。少なくとも、それは大学院生の頃には始まっていたのだと思う。ムラブリ「として」生きるようになって、得たことと失ったこ

とは、表裏一体である。思い出せる限りのことを書いてみる。

社会的な儀礼に価値が見出せなくなっていった。教員時代に出勤のハンコを押すだけのことがどうしてもできずに、そんな自分が情けなく枕を涙で濡らした。

大学の事務書類の山に呆然としつつ、学生に手伝ってもらいながらなんとか提出するも、よく分からない基準でつくり直しを命じられ、深夜までかかって書類を仕上げて会議に臨むと、自分よりもはるかにテキトーで通っている他の教員の書類を見て、膝の力が抜けた。

さらに年賀状どころか、「あけましておめでとう」に対して違和感を覚えるようになった時期もあった。新年を決めたのは人間で、それを境に何かが変わるとなぜ思っているんだろう、などと考えるようになった。ふつうにおかしいやつだ。あまり友達にはなりたくない。

やりたいことをやり、やりたくないことをすっぽかす

自分のしたいことを何よりも優先することが増えた。その時その時でやりたいことを自分の複数ある自己との対話から定め、それに従う。

関心のあることが決まれば、すぐに向かうようになった。気になることがあれば、その第一人者に会いに行く。するとまた次の関心と新しい縁が生まれる。そんな連続が繋がっていくようになった。

身体と言語の関係性から武術に興味を持って、光岡英稔先生に会いに行き、その繋がりで幾何学やドームに関心を持っていたら梶川泰司所長を光岡先生から紹介され、梶川所長と仕事をさせてもらううちに、複合発酵の高嶋康豪先生のことを知った。

武術からヒモトレのことを知り、ヒモトレの小関勲先生の紹介で行った山形の農業合宿で、導法家のみやじまあつし先生と出会い、言語学者を探していたところだったと言われ、その後の研究に大きな発展があった。

人間以外の言語を調べようとした時、甲野善紀先生の紹介でミツバチと話せるという野元浩二さんを紹介されて、長崎の佐世保に行くと、佐世保は縄文文化と縁の深い場所で、狩猟採集民であるムラブリとの共通点から竪穴式住居をつくっている人と出会う。

踊りと言語の関係に興味を持った直後に『肉態問答』というドキュメンタリー映画のことを知り、踊り手である戸松美貴博さんと知り合って研究会をすることになり、その研究会に来てくださった方が「野草の女王」と呼ばれる人で、野草についての知識を教わることになった。

などなど、枚挙にいとまがない。

このように、やりたいことをやり、それがまた次のやりたいことに繋がる、と言えばとても素晴らしいことのように思える。けれど悪い、というか迷惑な側面もある。やりたいことを優先するということは、やりたくないことを優先しないということである。つまり、社会生活の中では、約束を履行しない態度を平気でとる、ということでもある。

ある友人とプロジェクトを始めようとしていた時、Zoomで会議をしようと約束をしたが、3回連続ですっぽかしてしまった。約束をした時は乗り気なのだが、会議の日には別のやりたいことと目の前にあることが偶然に重なり、すっかり忘れてしまっていた。普段は穏やかな方だが、さすがに怒られてしまった。

面白そうだと思って請け負った仕事を、やってみたら想像していたよりも面白くなく、作業が全くできなくなり、締め切りのギリギリまで粘ってやらず、一夜漬けで済ませてしまい、そのあとも放置してしまった。

友人と計画していたワークショップを前日にキャンセルして、遠方からすでに会場近くまで来ていた人にメールのみでお詫びしたこともある。書き出していて肝が冷える。

ムラブリは明日の約束も取り付けられず困ったものだなどと本では書いていたが、自分も同じことをしているのだから、呆れたものだ。

なお、すっぽかし癖は今はかなりマイルドになってはいるが、その傾向は依然としてある。約束は守れる範囲では守るが、気分が乗らなければきちんと連絡した上で断る。そもそも迂闊な約束はしないように気をつけている。大事なのは後者で、約束は少なければ少ないほどよい。約束するにしても、先のことは分からない、という前提のもとなされる約束であることを、相手と確認しておくことにしている。

お金や所有に対する違和感

お金や所有についても、違和感を持つようになってひさしい。

離婚した後、もちろん養育費を支払うことになり、その金額は自分で決めた。その金額は自分に対する懲罰的な意味が含まれていて、ぼくの稼ぎのほとんどを差し出す提案だった。当然困窮することになり、家賃もままならなくなった。結局、養育費の金額を当面は下げてもらいつつ、収入が増えた時に追加で支払うということになった。

生活に窮すると、お金について不満を言いたくなってくる。なぜ税金があり、その税率はどんな理由で決まっているのか、家賃の算出根拠はどんなものか、給料はどうしてこの金額なのか。ことあるごとに調べたけれど、納得のいくものはなかった。

ムラブリは定住をせず、農耕もしない。土地を持つことをよしとしない、というよりも土地を持つという発想がそもそもない。なぜ農耕しないのか尋ねると、決まって登場する返答は「農耕をすると大地が割れる」という言葉だ。これだけで、土地所有に対する立場を十分に表明している。

とあるやり手の起業家と話した時、彼が言うには「これからは空だ」という話だった。３Ｄプロジェクターの開発により、空間に浮かぶような広告を出すことが今後はできるようになる。すると、その空間、すなわち空を人は所有するようになるだろう、だから空を分割して購入する世の中になるから、その時に備えているという話だった。

やめてくれ！　と思った。青空を見上げるために、広告を非表示にするためのお金を払う時代が来るのか。ぼくには狂気としか思えない。

けれど、冷静になって考えると、土地も同じだと気付いた。どうして空を所有することには強い違和感を覚えるのに、土地の所有は当然と感じているのか。ぼくが生まれた時からそうであったからというぐらいの理由しか浮かばない。土地を所有しているという社会のあり方に、慣れきってしまっているだけではないのか。

ポケットに小銭はあるか？

車中泊をしながら、日本中をわけもなくぐるぐるしていた頃、食事はたいていコンビニか道の駅かスーパー銭湯のレストランだった。ある時、運転中に、お腹が空いたな、何か食べようかな、と思って自分のポケットに手を突っ込んだ。その時に、ハッとした。自分はお腹が空いたら、まずお金を探そうとしている。けれど、ムラブリだったらどうだろう。おそらく、あたりを見渡して、何か食べ物がないか探すのではないか。漁をするための網を探すかもしれない。芋を掘るための掘棒の持ち手をつくるために、竹を切りに行くかもしれない。所持金を確認するぼくは、そこから随分と離れているように感じられた。

土地の所有や税金に疑問を持って背を向けていても、結局はお金に頼って生きている。お金とは他人に自分の代わりに働いてもらう権利を生み出すメディアだ。ぼくはと言えば、その代わりに働いてもらっている内容が、想像できないくらいの規模で頼り切っていることに、ポケットに手を突っ込んだ時に気付いたのだった。

自活研究者の理想「ドン＝フリークス」

そのような違和感を抱えていきながら、ぼくなりに納得のいく生き方を少しでも実現できるよう、考えて実践するようになった。それが自活である。家を建てること、食を見つけること、エネルギーを得ること、これらを自分の身一つで、どんな環境でも達成できるようになること。各地を転々としながら、その場その場の人間関係を喜びつつ、その土地土地の環境の中で、自力で暮らす。その全てから学び、身体を変容させ、それを表現すること。それがぼくの目指す非定住型の自活研究者の姿だ。

実はこの理想にはモデルがいる。漫画、『HUNTER×HUNTER』（冨樫義博）にまだ名前しか出てきていない「ドン＝フリークス」だ。彼は、暗黒大陸と呼ばれる、何もかもが桁違いのスケールを持つ土地でサバイバル生活をしながら、今も本を書き続けているという。

彼はまだ名前しか登場しておらず、ビジュアルも分からなければ、本当に存在しているかも分からない。連載中に登場するかも怪しい。けれども、ぼくにはそれで十分だった。

自己紹介をするのが年々難しくなっていて、一言で自分の人となりを表すことが難しくなっていた。ムラブリ語の言語を研究している言語学者であり、タイなどでフィールドワークをしていて、身体と言語の関係を探究している。このくらいまでは分かりやすいかもしれないが、その実践として武術や舞踏、短歌をし、定住せずにドームを発明し、野草を食べ、ミツバチを観察し、エネルギーの自給をして……などと展開すると、「どうしてそうなった？」と説明が必要になる。ぼくの中では繋がっているのだが。

おそらく、言語学者という肩書きが邪魔になっている。だから、一人のキャラクターとして、「こんなふうになりたい」と表現することができるのはとてもありがたい。「ドン＝フリークス」のようになる。まだ詳細も何もなく、名前しかないが、冨樫先生のつくり出してくれたその人物に、ぼくは深く共鳴している。

ムラブリ語を「真に受ける」

ムラブリ語を「真に受ける」というパースペクティヴィズムの実践を通じて、ぼくはたくさんの変化を経験した。変化して最初とは全く別の場所に向かっているように思えたが、結局のところ、ぼくという自己を再発見し、帰っていく感覚に近いことを、不思議に思う。

繰り返しになるが、ぼくにとってムラブリは圧倒的な他者だ。

タクウェーンに「お前はムラブリになれない」と言われたのだが、今思えば、そりゃそうだろうとしか思えない。

当たり前だ、「ぼくはムラブリにはなれない」。ぼくがなれるのは、ぼくだけだ。

それと同時に、「ムラブリになれる」とも感じている。前述した部分（153頁）と矛盾するが「ムラブリになりたい」という願望を持つこと自体が「ムラブリになれる」可能性を示しているはずだ。

空を飛ぼうと思わないのは、空を飛べないからだ。コーヒーを飲もうと思うのは、コーヒーを飲めるからだ。この理屈で言えば、ムラブリになりたいと思うのは、ムラブリになれるからだ、と楽観的に考えているふしがある。

ムラブリにはなれない。けれどムラブリにはなれる。この矛盾した感性は、科学者の自己と芸術家の自己の反映だ。そして、それを同時存在させている身体には無限の可能性がある。

その矛盾を内包する身体の実践が言語であり、ぼくはその意味における言語の可能性をもうすでに体現し始めていると感じている。だからぼくは、ムラブリに会いに行かなくても、ぼくがぼくとしてあろうとすることが、ムラブリとして研究することだ、と感じることができる。

これが冒頭の「ぼくがムラブリにいかなかったわけ」だ。

今日本にいるぼく自身の生き方が、「ムラブリとして生きる」ことの実践だからだ。少なくとも今はそう感じている。

参考文献

●伊藤雄馬　２０２３『ムラブリ――文字も暦も持たない狩猟採集民から言語学者が教わったこと』集英社インターナショナル。
●インゴルド、ティム　２０２０『人類学とは何か』奥野克巳・宮崎幸子訳、亜紀書房。
●ウィラースレフ、レーン　２０１８『ソウル・ハンターズ：シベリア・ユカギールのアニミズムの人類学』奥野克巳・近藤祉秋・古川不可知訳、亜紀書房。
●ヴィヴェイロス・デ・カストロ、エドゥアルド　２０１６「アメリカ大陸先住民のパースペクティヴィズムと多自然主義」近藤宏訳『現代思想（総特集：人類学のゆくえ）』44（5）：41～79、青土社。
●エヴァンズ、ニコラス　２０１３『危機言語：言語の消滅でわれわれは何を失うのか』大西正幸・長田俊樹・森若葉訳、京都大学学術出版会。
●エヴェレット、ダニエル　２０１２『ピダハン：「言語本能」を超える文化と世界観』屋代通子訳、みすず書房。
●エーコ、ウンベルト　１９９１『論文作法：調査・研究・執筆の技術と手順』谷口勇訳、而立書房。
●サピア、E．&B．L．ウォーフ他　１９９５『文化人類学と言語学』池上嘉彦訳、弘文堂。
●トウェイツ、トーマス　２０１７『人間をお休みしてヤギになってみた』村井理子訳、新潮文庫。
●冨樫義博『HUNTER×HUNTER』33巻（ジャンプコミックス）集英社。
●ユクスキュル、クリサート　２００５『生物から見た世界』日高敏隆・羽田節子訳、岩波文庫。
●レヴィ＝ストロース、クロード　１９７２『構造人類学』荒川幾男・生松敬三・川田順造・佐々木明・田島節夫訳、みすず書房。
●Gaby, Alice (2017) *A grammar of Kuuk Thaayorre*. Mouton De Gruyter.

対談❹

have notの感性にふれる

ものをもらった時、何かをしてもらった時に、相手に対して感謝の気持ちを伝える「ありがとう」という表現は、プナン語にはない。ふつう、贈り手に対しては、その場では、なんの言葉も発しない。他方で、「ありがとう」に相当する言い回しとして、“*jian kenep*”（よい心）という表現がある。それは、「よい心がけ」であると、贈り手の分け与えてくれた精神性を称える表現である。感謝されるのではなく、分け与える精神こそが褒められるのである。

――『ありがとうもごめんなさいもいらない森の民と暮らして人類学者が考えたこと』（新潮文庫、２０２３）

（撮影：奥野克巳）

〝マイルドなカツアゲ〟とは

――質疑応答への返答で少し話されていましたが、プナンのシェアリングや所有の話をしていただけますか。

奥野　所有するということに関しては、拙著『人類学者K』（亜紀書房、２０２２）でも書いたのですが、所有しないこと、「無所有」が基本なんです。われわれは個人所有するということが基本なんですが、プナンは個人所有を否定し、所有しないということが基本です。

プナンには、無所有を軸として二つのモードがあります。所有しないということが真ん中にあって、一方では、何かを誰かにもらったら、積極的な形で別の誰かに渡すことを率先してやる人がいます。結果、何も所有しない。そういう人がビッグマン（共同体のリーダー）になるわけです。共同体のリーダーは何も持たない。

何も持たないことがよしとされるのであって、そこから逃れていくことはできません。で、どうなるかというと、反対の極にはせびりまくる人、ねだりまくる人がいるんです。

一方では、徹底的にもらったものをどんどん人々に回していくことによって、寛大であることで尊敬されるような人。もう一方では、無所有が徳目としてあるので、それに対しては、自分は何も持たないんだけれども、生きていくために、ねだってせびりまくって生きていく人。この二つのモードがあるんです。

プナンのこの部分が、私たちが生きている現代日本社会とは違う。われわれの社会では、何かを持っていることを基本にして、持つ人と持たない人、have と have not に分かれるわけです。われわれの社会では、持つことが目指すべき、至上の価値なんです。持つことが目指されてどのように自分が財産を築くか。モノを持つというのも必要なのですが、まず知識を持つことがそれ以上に大事です。知識を持つこと。知識を所有し、それを財産獲得に繋げるということが行われている。そういったロジックを歩んでいく人と、逆に、知識もモノもお金も持たない人というのがいる。持たない人が have not です。われわれの社会では、所有することが社会の原理としてある。このあたりが、プナンとわれわれの社会ではかなり違うんじゃないかなと思っています。

プナンは、無所有を原理として、「寛大であること」と「せびること」の二面がある。日本には、所有を原理として、持つことと持たないことがある。これが、プナンと日本社会のあいだにある違いです。

伊藤 都会にいる自分と森にいる自分を切り替えている視座を考えるというのが、ぼくの論考の中で一つのテーマなんですけど、今のお話もその観点から見ると面白いな、と思いました。所有が軸にある私の社会における二軸、have と have not というのは、境界線が必ず存在します。年収一千万円以上から have とか、結婚して子供がいたら have とか。その線は恣意的に誰でも引けます。ワニを飼っていたら have とか（笑）。境界線が恣意的であり、個人的な指標が無限にある以上、全てにおいて have という人はありえない。誰もが have であり have not である。けれど、その仕組みを知るだけでは、あんまり自由になった気がしません。二元論の世界から自由になるためには、どちらかに偏らざるをえないことを認めた上で、どちらかに偏っているということが自覚できる視座、つまり境界線を自分で引いていることを自覚している視座でいることが重要だと思います。

偏っているのが分かるのは、全体を見渡せている自分がいるからです。その位置から自分はどう行動できるのか、何を言えるかということを今、この瞬間も思っているんです。所有についても、have か have not かで考えざるをえない自分を認めた上で、ではなぜ have と have not が生まれるのか、どうして所有という概念が成立するのか、そこに目を向ければいいのかなと思っています。

ムラブリ語では、「持つ」と「ある」は同じ動詞なんです。「プ」という動詞なのですが、例えば、「オォ（私）プユク（米）」は「私は米を持つ」か「私に米がある」と訳せます。だからぼくは「プ」を「持つ」と「ある」の二つの意味を持つと考えていました。文脈によって判断していると思っていたんですね。でも、これはぼくの話す日本語が「持つ」と「ある」を区別しているからそう感じていただけだと分かった。「プ」は「ある」と訳せばよかったんです。ムラブリは「ある」とだけ言っているのに、ぼくが日本語の感性で「持つ」という解釈を読み込んでいた。「持つ」も「持たない」も「ある」を前提にしているのが理解できたんです。

お金がキノコのように「生えてくる」という感覚

伊藤　プロ奢ラレヤーが面白いこと言っています。彼はお金は生えてくるもんだと言ってるんですね、キノコみたいに。汗をかいて稼ぐものじゃなく、ほっとけば生えてくるものなんだと感じているらしいんです。その感覚はすごく面白いなと思っています。それはムラブリの感性に近いと感じるからです。

映画『森のムラブリ』に、ラオスのムラブリがラオ人からお米をもらっているシーンがあります。それはもち米なんですが、ラオ人がもち米を袋に入れて渡す準備をしている最中に、「うるち米はないの？」と要求するんですね。

驚きますよね（笑）。対価を払わずにお米をもらっているその最中に、さらに別の要求ができる。ぼくはできないです。そんなふうに言われたら、怒るかもしれない。でも、ムラブリもラオ人も普通なんです。特に驚いている様子はない。ラオ人に「どうしてムラブリにお米をあげるの？見返りもないのに」とぼくが聞くと、彼女はきょとんとして「お米があるからあげてるんだ」としか答えない。

その振る舞いを見てぼくは考え込んだんです。ぼくの感性ではありえない出来事が目の前に起きている。だから、彼らがどう感じてそういう振る舞いをしているのか、理解したかった。それで気付いたのは、このやり取りが成立するのは、お米があってこそなんだということです。お米をもらっているムラブリも、渡しているラオ人も、そもそもお米が実ってくれるからできること。

　土地があって、太陽があって、水がある。人間のコントロールできないエコシステムが存在するから、お米ができる。その恩恵はムラブリもラオ人も等しく受けているんです。

　バタイユの私的な理解になりますが、バタイユの太陽からの贈与*1――太陽は地球に恵みをもたらすために光っているわけじゃない。ただ光っているのだけど、人がそれをありがたがっている。人は太陽の光を贈与として受け取っていて、恩を感じています。

　ムラブリもラオ人も太陽からの贈り物としてお米を授かっている。その観点で言えば、誰がお米を持っているかは問題にはならない。たまたまラオ人の手にあったお米がムラブリの手に渡る。そんな感性が、あの映画のシーンの背後にはあったんじゃないかと思うんです。

　ぼくの馴染みのある感性は、have と have not を区別します。その観点で言えば、ラオ人の農民は have でムラブリは have not です。でも、お米が太陽からの贈り物であるという視座、太陽の視座とでも言いますか、ぼくらのコントロールできない存在によって全ての物事は存在するという感性からすれば、みんな have であると同時に、与えられるしかない点では have not です。

＊1　バタイユの太陽からの贈与
バタイユは『呪われた部分――全般経済学・蕩尽』（ちくま学芸文庫、2018）でモースの『贈与論』から互酬性を参照しつつ、太陽からエネルギーを受けていることに対して人は恩を感じていないながら返礼ができていないことを指摘した。この太陽からの返礼不能の贈与が、自己壊滅的な贈与「ポトラッチ」などの「蕩尽《とうじん》」を行なう感性の源だとバタイユは考えた

お米をあげるとかもらうとか、奢る奢られるとかは、特別なことではなくなる。「あなたも私も太陽に生かされてるんだから」という考え方でしょうか。プロ奢ラレヤーの「お金は生えてくるもの」という発言も、その太陽の視座から発言している、そんな匂いを感じるんです。

奥野　その、お金が生えてくるというのは、まさにプナンが私に対して思っているイメージです。

伊藤　そうですね、借りっぱなしというか持っていきますもんね。

奥野　そう。対談❸で話したように2023年2月に、吉田尚記さんと内藤寛さんと3人でプナンに行った時、最寄りのビントゥルという町にプナンに車で迎えに来てもらったんです。それは私が400リンギ（約1万2千円）払って車をチャーターしたわけですが。まず、われわれ日本人3人をホテルに迎えに来たんですよ。「あれ、なんか人数が少ないな」と思って車に乗ったら、「他に商業地区で待ってるから行こう」と言われたんです。数分でビントゥルの商業地区に着いたんですが、他のプナンは機械商の店の前の地べたにすわって待っていました。二言、三言を交わした後、プナンが「船外機を買おう」と言ったんです。1250リンギ（約3万7500円）でした。まあそれぐらいはいいかと思って買ったんです。そしたら次に出てきたのが、「冷蔵庫がほしい」という言葉だったんです。冷蔵庫は650リンギ（約1万9500円）。別の店に連れて行かれて、結局は買いました。2つ合わせて1900リンギ。1リンギ30円強だから6万円弱ぐらいですか。1時間ぐらいで6万円がなくなりました。

——　お金を消費しているという意識もなく、一瞬で消えましたね。

奥野　アナウンサーの吉田さんやニッポン放送界隈では、そうしたプナン流のやり方を、声優の中村繪里子さんによる命名で「マイルドなカツアゲ」と呼んでいるのですが（笑）、「マイルドなカツアゲ」をされた時どういう気持ちになるのかを、自分でも経験したいと吉田さんはおっしゃって、冷蔵庫の支払いの半額（325リンギ）は、彼が持ってくれたんです。だから、私が払ったのは1600リンギぐらい（約4万8千円）ですけれども、いずれにしても一瞬のうちに5万円ぐらいがぱっと消えるんです。

プナンはお金をどう考えているかというと、努力して稼いで、その人に貯まっていくようなものではなくて、森の中に入って行って、獲物が獲れたり、果物が得られたりするのと同じようなものとして考えているんです。お金もモノと同じで、何らかの加減でそれらがある人物のところに集まってきている。自分たちもその中から分け前を得ても、何の問題もないと考えているふしがあるんです。

ひとこと言っておかなければならないのは、船外機や冷蔵庫は、個人の財産、つまり個人所有されるのではなくて、みなでシェアして使うのです。従って、それは、みなのものであって、逆に言うと、誰のものでもない。

私は日本という遠いところから半年に一回彼らを訪ねて行くわけですから、飛行機代も一往復10万円（3000リンギ強）くらいかかるというのは言っているので、彼らは私にはそれだけのお金があるはずだと思っています。彼らは最近、私に対しては、そういうふうに「マイルドなカツアゲ」をしてくる。日本人からすると、「マイルドなカツアゲ」なんですが、彼らにとっては、ごくごく自然なことなんです。

だから「お金が生えてくる」という表現はよく分かります。プナンが、貨幣経済も含めて、お金をそういうふうに考えるというのはあり得ることです。

伊藤 そのマイルドカツアゲをしている時、プナンは何かちょっと普段の話し方とは違う、おべんちゃらは使うんですか。

奥野 全然しないんです。

伊藤 しないんですね。

奥野 「ありがとう」も何とも言わないです。私はすでに全然気にならなくなっていますが、吉田さんが言ってたのは「あ、本当に、ありがとうも何とも言わないのですね」と。「お辞儀をしたりとか、それなりに謝意を表明するそぶりも全然ないですね」とも。何事もなかったかのように、車の荷台に船外機と冷蔵庫をさっさと運び込んで、「さあ出発だ」みたいな(笑)。

伊藤 「よかったな」って。

奥野 「よかった」も言わないです。何も言わないです。

伊藤 何も言わないんだ。そこはムラブリとちょっと違うな。

奥野 違いますか。どう言うんですか。

伊藤 頼む時の言い方が申しわけなさそうなんです。例えば町に連れて行って欲しいムラブリが「もし暇だったらでいいんだけど町に行きたいな」という感じで言ってくる。少し遠慮のようなものが感じられる。町で「何かほしい」とか言ってくることもあって、ぼくが買えるなら買う。買えないなら買わない。ただ、買った時に「ありがとう」とかはないですね。「あ、買うんだ」くらいの薄い反応しかない。

奥野　その話は、『ムラブリ』の中にも出てきましたね。

――　伊藤さんがお金を持っているだろうと思ってご飯を食べに行ったら、実際には持っていなくてアイスを奢ってもらったみたいな話がありました。

伊藤　そう。ぼくがお金なかったんでラーメンが食べられなくて、村長にアイスを買ってもらいました。

奥野　そう、結局村へ連れて行かれたみたいな話ですね。

伊藤　そうです。ぼくにお金があると思って別の村にムラブリとラーメンを食べに行ったんだけど、本当に現金がなくて逆に奢ってもらったという経験がある。その時のムラブリは別に落胆とかではなくて、「なんだよ」とかでもなくて「あ、そうなの。それじゃあアイスでも買うか」というくらいでした。その時の村長は、ちょっと「は？」って感じでしたけど、それを過剰におとしめるわけでもなくて「あ、じゃあまあ、アイスでも食うか」という、すごくナチュラルな流れでした。

奥野　お金がないことを悪びれるふうでもないし、逆に、お金を出したことを恩に着せるふうもないということなんですよね。ごくごく自然に、当たり前すぎて、こんなことは当然だとも何とも言わないわけです。モノが与えられたから、その見返りを渡すことでは必ずしもないことが、そこで行われているわけです。

その贈与をわれわれは過剰に読み取ることがあるのかもしれません。町で私が船外機と冷蔵庫を買ってあげた。これだけやってあげたのだから村に行き、森に行ったら、今度は彼らが私にお返しをする番だというふうに読み取るわけですけれども、別にそんなふうにはプナンは考えていないんです。

プナンが調査協力をしたから、するだろうから、その見返りとして、人類学者が船外機や冷蔵庫を買ってくれるというふうには必ずしも考えてないんです。そのあたりが、現実として、結構面白いと思っています。

贈与交換の外側から

奥野　プナンでは贈与交換をめぐるモース的な議論を、敢えて持ち出す必要もない。モースの『贈与論』は、そこでは、正しくもあり正しくもない。われわれは学問を経由しているので、「贈与の霊」、ハウ*2みたいなものが、相手に対して負債をつくり出して、相手はそれを返さなければいけないと思うようになるんだと考えてしまうんだけれ

＊2　贈与の霊「ハウ」
マルセル・モースは、ニュージーランドのマオリのものの霊、「ハウ」を取り上げた。マオリは、贈りものが送り手から移動する時に一緒に移動する「贈与の霊」のようなものがあると考え、それをハウと呼んだ。ハウは送り主のもとに帰りたがるので、別のものに乗せてお返ししなければならない（マルセル・モース『贈与論』吉田禎吾・江川純一訳、ちくま学芸文庫、２００９）

ども、別にそうでもないんです。

伊藤　贈与交換がどのように生まれて、現代に至るまでどう変化していったのか。ハウのような考えの現代的なあり方などは、どういうふうに人類学は考えているのでしょうか。

奥野　贈与交換の仕組みを考える時には、モースの『贈与論』が議論の出発点になるのだろうと思います。

伊藤　今も返報性はあるんですよね。ハウはある。

奥野　そうです。それが、人類にとって、普遍的な制度・習慣としてあるんだと考えられている。マオリでは、贈りものをしたら、された側にはお返しの義務が生じる。贈りものそれ自体に霊が潜んでいて、贈られた人たちに返報させるのだと考えられているというのです。ただし、プナンのような狩猟民社会を見ていると、分かち合いが行われていていわゆる互酬的な交換は必ずしもなされていないように見える。そこでは、モノが個人的に所有されていないので、返報義務は生じないのです。

伊藤　それはマオリとかの贈与とは区別するべきかもしれないってことですね。そういうふうな振る舞いを見ている限りは。

奥野　一方で、モースの言っていることは結構当てはまる。プナンでもモノを受け渡すことによってモノを循環させています。「くれ」と言われたら、言った人にあげてしまうことによって、モノは一ヶ所にとどまらないんです。モノはどんどん循環していって、そのうちなくなってしまう。そういうことが往々にしてあり得るというのは、贈与交換の仕組みを内在化させている、モノが人と人のあいだをぐるぐると回る循環という特徴がよく出ているんです。

プナンには返報性がない点で、モースの贈与論的でない一方で、モノが循環する点で贈与交換の原理を内在化させているというのは、資本主義を前にした時に言えることです。どういうことかというと、資本主義というのは、所有や占有が基盤にある。個人的にお金を占有し、どんどん貯めていって、貯まった段階で、それを事業に投下するわけです。資本を投下することによって事業を始め、利益を上げる。すると、持つ人が出てくるわけです。have（の人）が出て、反対に、have not（の人）も出てくる。

ひるがえって、プナンであれマオリであれ、モノを循環させる贈与論は、資本の蓄積と投下、そこに付随する貧富の格差を生じさせる仕組みを防いでいるんです。富を人々のあいだでつねに循環させることで、平等主義的な社会を維持していくことができているわけです。富が一ヶ所に集中しないことにより、権力の偏在が生じないようになっている。

伊藤　そういったことあれこれを考える上で、モースの『贈与論』はとても大切です。循環させているという意味でも、マイルドカツアゲは同じ機能を持っているということでしょうか。

奥野　まさに、そういうことです。持つ人から「マイルドにカツアゲ」して、モノを循環させている。吉田さんはひげを生やした私のことを、プナンにとって、「黒い（ひげの）サンタクロースだ」

と言っています（笑）。その贈与は、感謝されないんです。プナン的に言えば「いい心がけ」だと、分け与えるその精神性が称賛される。そしてその贈与は、人々に幸せを運んでくるわけです。贈与を受けた人々にとって、船外機を付けると、船が早く進みますよね。それから冷蔵庫。幸せを運んでくるジュースや肉などを容れる。それらを含む冷蔵庫自体が幸せの象徴です。プナンは冷蔵庫を持ち帰っても、容れるものがないので、すぐには使っていなかったですが。

伊藤　あるというのが一つの意味があるのでしょうか。

奥野　嬉しいんだと思います。何日かは、冷蔵庫はパッキングされたままで、開封されませんでしたが。

伊藤　取り急ぎで必要ではなかったんですね。

奥野　何にも容れるモノがなかったですよ、私が帰国するまでは。冷蔵庫があるというのは、やっぱり一つのステータスとして重要だったんですよ。

伊藤　（対談❷の）時計と一緒ですね。

奥野　そうです。時計と一緒です。あれば使うんでしょうね。今度プナンに行ったらどうなってるのか、そのゆくえを見るのは楽しみです。

すり鉢状の世界の外側に行くために

伊藤　have と have not のところでも話しましたが、そこから自由になるために、奥野さんの言葉を借りれば、すり鉢の外側へ行くために役に立つかもしれないと思っているのが、「三角形」なんです。幾何学的に考えてみることが個人的に好きなんですが、例えばhaveとhave notの二元論が世の中の仕組みですが、そこの中だけで考えると煮詰まる。だから三点目を見つけて、三角形をつくる。haveとhave not、そしてそれらを成立させている太陽からの視座のような点。太陽からの視座にいれば、たまたま自分がhave側であなたがhave not側だけど、別の場合では逆転することも当然あるということを自覚できると思うんです。

力学的に三角形って一番安定する形ですよね。その三角形が、いろいろなところに見出せるなと思っています。いろいろな三角形を見出すために物事には二元性があるのかな、と思ったりもするんです。

奥野 二元論から逃れるために「三」で行くというのはいいですね。二元論の軛《くびき》から逃れるために東西の思想家たちはいろんな努力をしてきました。アメリカのプラグマティストのチャールズ・サンダース・パースの概念図式はだいたい三つずつなので、われわれは「三おじさん」と呼んでいます（笑）……それは、われわれの社会においてということですか。

伊藤 そうですね。ぼくが現代社会に生きていてhaveのモードで生まれているということと、森の民に出会うとかムラブリに会ってhave notの感性にふれるということ。どちらか一方だけでは充足されない何かがあって、それが交流することによって、例えばぼくという個人、奥野さんという個人の中で、そのhaveとhave notが自分の中に同時存在するんだということが実感される。それを同時に両方見ている視座があるということに気付くと、三角形が生まれて安定すると考えています。

二元性というと、どうしてもそこから悪いものを排除しないといけないという発想になりがちだと思うんですが、そうではなくて、二元性があるからこそ、三角形に到達できると考えてみる。そういう考え方をぼくは今持ちたいと思っているんです。それは多分、社会で考えるよりも、まず個人の中で達成されるものなんじゃないかなと。

伊藤――いきなり、社会とかではなくてという意味でしょうか。

そうですね。『ムラブリ』を書く時にちょっと意識したことがあって、それは「ぼくたち」と書きたくなるところを、「ぼく」と書くということです。油断すると、すぐ「私たち」とか書いている。

もちろん、「ぼくたち」と書いているところもあるんですけど、なるべく「ぼく」で通せるところはそう書いたんです。というのは、主語が大きくなると、二元性が自分の中に同時存在するということを、あやふやにしちゃう感じがして。

だって、ぼくは奥野さんのことが分からないし、編集部の清水さんのことが分からないのに、例えば「日本人」と言えば、奥野さんも清水さんもぼくも、お互いに何か共有できているつもりになってしまう。内省が深まらないんです。カテゴリーとしての「ぼくたち」ではなく、身体を持った個人としての「ぼく」の中で起きていることだと限定することによって、ぼくの中に

have と have not の感性が両方ともあることが実感できてくる。両方ともあると感じられるなら、その両方が同時に見えている別の視座がぼくの中にあると感じられてきます。複数の矛盾した自己が自分の中に感じられたら、それは何なんだと考えざるをえない。

「自分たち」と言っていたら、自分以外の人は当然違う感性を持つのだから、have も have not も両方とも存在するだろうと思える。同時に存在することが不思議に思えなくなる。あまりシリアスには受け取れない。逃げですね。でも自分という個人の中に二つとも、しかも同時にあるんだと気付いた時に、それらを成立させているもう一つの視座が現れざるをえない状況になるのかなと思っています。

奥野 ぼくはそこの視座に向かうために二元性があると今は思ってるんです。それがぼくがムラブリと会った意味だと思います。奥野さんもそうなのかなと感じています。

プナンでは、have not が原理として、社会の根っこのところにあることに気付いたんです。何も持たない。逆に言えば、所有し、独占したいという欲はバッチリあるのですが、プナンの子どもは幼い頃に「持つな」と言われる。われわれの社会では、「持つな」と言われて、所有欲を否定されるのではなく、逆に所有欲そのものを肯定されるんです。肯定されることによってモノだけではなく非・モノを所有することまで所有概念を拡張される。非・モノというのは、知識であるとか技能を含みます。それらもまた、個人によって所有されるものとして前提される中で暮らしていく。

つまりわれわれの社会は、have の原理なんです。「持っている」ということを原理とする社会なんです。筆入れの中に鉛筆や消しゴムを持ち、ガンダムのオモチャを持ち、ナナハンのバイクを持ち、一軒家を持つだけでなく、英語の知識を持ち、ピアニストの技能を持ち、国家公務員の資格を持っている。しかしプナンには、そのように「持っている」ものは何もない。幼少期に「持っている」ことを否定され、プナンは have not の原理を突き進む。have not、「持たない」。have not を達成するには、一方では、寛大でなければならないし、気前のいい人は、ビッグマンとなる。他方で、そもそも have not なんだから、何も持たずにせびったり、ねだったりするしかない人が出てくる。

プナンでは、先ほど述べたように、寛大な人と、せびり続けるような人がいるわけです。この二つのあいだで揺れ動く have not 型の社会なんです。プナンは、そういうふうに暮らしていると考えることができるんじゃないでしょうか。

また一瞬、プロ奢ラレヤー君の話に戻りますが、プナンとは違って、have の原理、あるいは所有の原理が、われわれの社会を動かす非常に重要な原理です。プリンシプルになっているというのは、動かしがたい。そこに部分的に have not の原理を持ち込んで、揺さぶりをかけるいうのはとても重要だと感じます。その意味で、プロ奢ラレヤー君には、特大の評価がなされるべきでしょう。こういうふうに考えていくと、have と have not の単純な二項ではなく、have not の中にも二元論があり、また have にも have not 側から突き動かされる力もあり、より複雑な様相が現れているようにも思えます。

ところで、ムラブリを経験した伊藤さんが今の段階で考えておられることは、ムラブリの身体性を持った人間として、この現代日本社会の中でどういうふうに生きていくのかということだったように思います。私は、どちらかというと、プナンと暮らして、プナンとともに、つまりwithプナンなんです。インゴルドの言い方をそのまま持ってくるとすれば、プナンとともに、人間が生きることについて学ぶというのが、私のやっていることです。これは、われわれが当然視していることを揺さぶったり、思索そのものを深めるということに繋がっていくんです。

伊藤さんはその先に、いわゆるwithを超えて、ムラブリの身体性および、精神性を持った一人の研究者と言っていいのかな、あるいは人間として、日本社会でどのように生きていくことができるのかを追求したいということでした。ここで焦点をもう一度当ててみたいのは、伊藤さんの、ムラブリの身体を持ちつつ、日本社会の中で生きていく術を課題としたことについてなんです。それについて、伺ってもいいでしょうか。

伊藤 インゴルドが何々を研究するというofから、何々とともに研究するwithに変えた。ぼくはそれを勝手に引き継ぐ形で、何々として研究するasを考えました。『ムラブリ』の「おわりに」でも書きましたが、ofからwith、withからasの流れです。
ぼくはムラブリ、かっこ付きの「ムラブリ」ですけど、「ムラブリ」として研究するというか生きるのが自分の課題だと思っています。

それはムラブリであることを目指すわけではないし、日本人であることを目指すわけでもなくて、ぼくがぼくとしてあることの中で、ムラブリというものが参照点としてあるということです。この課題はぼくしかできない。ぼくがぼくであろうとする課題は、ムラブリがいなければ気付けなかった。そういうことの表現として、かっこ付きの「ムラブリ」として研究する、という言い方をさせてもらいました。

そうなってくると、評価軸が変化してくるんです。つまり、ぼくが納得するかどうかが指標になる。

例えば読者の方が、ぼくのやっていることに対して「それはムラブリじゃないでしょう」と言っても、ぼくが「ムラブリですよ」と言えばもう終わりなんです。もちろん、意見は参考にしますし、議論もします。けれど、ぼくがどれだけ納得するかということだけが今、ぼくの主眼になっています。じゃあ山にこもって一人でやっていればいいのかというと、それは違う。ぼくの中の世界には、みなさんがいる。みなさんの中の世界にも、ぼくがいる。ぼくの中のぼくと、みなさんの中のぼく、その二つが合わさって、初めてぼくなんです。ここにも二元性というか、同時存在性がある。

インゴルドが科学と芸術というのは接近していくということを言ってると思うんですけど、アニミズムの文脈で奥野さんが小林秀雄のホタルの話*3をされていたと思います。ホタルを見て「おっかさんは、今は蛍になっている」と小林秀雄が感じた。それは彼にしか分からないわけで、周りの人が「いや、ホタルはおっかさんじゃないよ」といくら言っても、小林秀雄が「いや、あれはおっかさんだった」と言えばホタルはおっかさんなわけです。

ぼくの場合も、「そんなドーム（テント状住居）つくったって別にムラブリじゃないでしょ」と言われても、「いや、ぼくはこれはムラブリとしてやっている」と言えばそれでおしまいなんです。それは誰にでも言えることです。その人であるということは、その人しか評価できない。けれど、自分が本当に自分でいられているのかを知るには、相手がいないと分からない。ちょっと分かりにくいでしょうか。

＊3　小林秀雄のホタルの話
奥野克巳『モノも石も死者も生きている世界の民から人類学者が教わったこと』（亜紀書房、２０２０）の「9　純粋記憶と死者の魂」所収

奥野　いわゆる「悟性」以前の「直観」によって「ムラブリ」として日本で生きるということですね……対談❸の冒頭の問いに戻ってしまいますが、始原的な場所である森に入って、そこに住んでいる人たちに出会うということ、彼らとともにいて、彼らから影響を受けること。それらのことが、この現代日本において、まずどういった含みがあるのかということです。そこが、かなり大きな問いとして、残るわけです。

私自身はプナンに17年通っていますが、最近ではいろんなバックグラウンドを持った人たちを連れて行くというのが、非常に面白いことなんじゃないかと思っています。それは、現代社会が行き詰まっていることに深く関係していて、私たちがボルネオ島の森を訪れて、プナンとともに

人間の生について学ぶことに繋がっているのではないかと思っています。

現代日本は、とても暮らしにくいんだと思います。生きづらいし、生きにくいし、行き詰まっている。私の言葉で言えば、その内部にいて、内部で完結してしまっている。何をするにしても、本当にこれで大丈夫なのかということがたくさんあります。19世紀後半の「神の死」とニヒリズムの時代よりも酷いのかもしれません。われわれは虚無的になるよりも先に、まず何かをしなければならないといつもいつも駆り立てられているので。

今日も午前中にとある会議があって、二日に分けて4時間も使って、非常に無駄なことを話し合ってるんじゃないかという気持ちになったのですが、そうした根本的な問いはなかなか言い出せない。そうした状況の中、弱者に対する配慮とか、コンプライアンスとか、次々に対応事項が出てくるんです。極端な例を挙げれば、電車に女性専用車を設けると、女性専用車に乗らない女性は車内犯罪にあってもいいと考えているのかとか、男性を逆差別しているんじゃないかとか、予想だにしない項目がどんどん出てきて、それに応じた制度を整備することに駆り立てられる。

社会の権力構造を分析して問題構造を把握し、社会改良するということをやり始めたのが1990年代くらいだとすると、それ以降、社会の中でこれまであまり見えてなかったものに対する配慮が求められるようになった。社会的な弱者を救うために、いろんなことをやってきたわけだけど、それで全てが晴れやかに解決したかというと、全然そうではなくて、他に解決に当たらなければならない問題が出てきて、すっきりするどころか、結局は、以前よりも息苦しくなってしまった。あらゆるものが最終突破できずに、吹き溜まりのようになっている。日々とても生きづらいし、その解決の枠組みすら見当たらない深い森の中をわれわれはさ迷っている。そうすると、ここからどこかに出なきゃいけないと考えるのは、とても自然なことでしょう。

フィールド言語学や人類学を通じて、外側にある世界を知り、探るというのは、現代世界の内部からの一つの脱出法としてあり得るのではないでしょうか。人類学はそこからも抜け出て、近年は、人間的なるものを超えて、「人間以上」の人類学を唱え始めています。

地球の人口が、2022年に80億人を突破し、他方で、先進国は人口が減少局面に入っていることに関して、最近ある新聞紙の特集記事の依頼を受けました。日本では2022年、出生者数が80万人を下回ったようですね。試算よりペースが10年早まっているらしいです。地球の人口爆発が進んでいるにも関わらず、先進国では人口が減少している。人口減少は、近年大きな問題として、日本では取り上げられています。特に政治では国力の点で、日本がもう衰退の一途をたどるしかない。衰退するかどうかの正念場が今だと。

地球の人口爆発と先進国の人口減少のアンバランス。この「窮状」を何とかしなければならないという見通しが立てられて、これまであった路線、つまり資本主義の土台の上で解決を模索することになるんでしょうけれども、その土台から離れたところからも見ていかないと結局は解決の道にはたどり着かないのだと思います。われわれは、非常にローカルな場で、あれこれと考えているだけなんでしょうね。ところで、ムラブリの人口は、どれぐらいでしたっけ。

伊藤　500～600人くらいです。

奥野　そんな中、(私もですが) 伊藤さんは、人口の少ない、小さい集団の研究をしてますね、みたいなことを言われるんですね。そんな言語を取り上げて研究しても、それがいったい何になるんですかみたいなことを。それが逆に、われわれを揺さぶり、世界を考え直していく取っかかりになり得るということをもう一度考えてみなければならないのではないでしょうか。

伊藤さんの、as ムラブリ、ムラブリとしての生き方は、一つの有力な参照点になるのではないかと思います。他方、私は with でとどまっています。as としてどういうふうにやっていくのかは、日本社会においてムラブリの身体性をもって as として発言し、あるいはそれを身体の運動としてやっていくのは素晴らしいなと思うんですが、ただ、ミニマリストになったりとか、お金を持たずに暮らしてみたりとかを含めて、これまでそういったことをやってきた人がいなかったわけではないようです。おおむね揺さぶりをかけるところにまでは至っていないからこそ、われわれはほぼそのまんまなんです。つまり、始原への回帰的なものはおおむね資本主義社会の中でうまく消費されてしまったり、資本主義の枠組み、制度、習慣の中に組み込まれてしまっている。

私自身のこの部分の語りが支離滅裂なのは、多分 as プナンについて考えたことがないことに由来するのではないかと、ふと思ったりもするのですが、とりあえずその点は措くとして、with から as へ、どうブレイクスルーし、やっていけるのかという点に関して、伊藤さんには、今後も引き続き、注目していきたいと思っています。

伊藤　ムラブリというのは一般名詞で集団を指しますけど、それを引き受けるぼくは個人です。これまでのお話で、すり鉢の中でどうするか、現状はすごく煮え切らない、煮詰まっている印象さえあります。そこは逆にチャンスだと思います。すり鉢の外を意識せざるをえない時代だからです。奥野さんはご自分をwithプナンだと言われましたが、そんなふうには思えません。教壇で寝そべってみたり、吹き矢を教室で吹いてみたりするのは、asプナンとしての振る舞いだと思います。だからこそ、新聞記者の方は奥野さんに「プナンとしてはどうなんですか」と聞いているとぼくは思ってるんです。言ってみれば「日本語の通じるプナンとしてはどうですか」という質問をされている。それはプナンの代弁者というよりは、asプナンの奥野さんに聞いているというふうにぼくには見えます。

『人類学者K』の一人称語りに象徴されるように、「日本人として」「プナンとして」というよりも、「奥野さんとして」という視点で書かれていて、それがぼくは嬉しかったんです。他の読者の方もそうだったんじゃないかな。プナンについてというより、プナンに惹かれて通う奥野さんについて、ぼくは知りたかった。日本人としてプナンを見る奥野さんと、プナンとして日本人を見ている奥野さんが、どちらも現れていることを確認して、ぼくは深く安心したんです。奥野さんは、日本人のすり鉢にもいて、プナンのすり鉢にもいる。どっちにもいるんです。どっちにもいるのが見えるってことは、どっちにもいない、別の場所にいるってことですよね。三角形の話です。

すり鉢の向こう側に行くこと自体は本質的には解決にならないと思います。すり鉢から別のすり鉢に移動しても、形を変えて同じ苦しみがある。今のままの自分でより似合うすり鉢は見つかるかもしれませんけどね。そうではなくて、どのすり鉢も、それを支えているものがあると気付くこと。日本でもムラブリでも、太陽はあるとか。それを実感するために、すり鉢状の世界の外側に行く経験は大事だと思います。

エピローグ

現代人の中にうずく「狩猟採集民的な何か」

奥野克巳

アフリカ南部の狩猟採集民ブッシュマンと25年以上暮らしたことがあるジェイムス・スーズマンによれば、ホモ・サピエンスの20万年にわたる全歴史のうち、9割以上が、商業資本主義や農業によって形づくられたものではなかった。そう述べた上で彼は以下のように主張する。

どれほど長いあいだ持ちこたえるかが持続可能性の根本的な尺度だとしたら、狩猟採集は全人類史で発展した経済手法で最も持続可能であ［る］。（『「本当の豊かさ」はブッシュマンが知っている』佐々木知子訳、NHK出版、2019：72〜3頁）

狩猟採集とは、地上に人類が出現して以来、最も長く続いた生業なのである。その意味で、狩猟採集は持続可能性がとても高い生き方だと言えよう。

人類は、「農耕牧畜民になったことで、私たちの祖先は採集者・狩猟者から生産者になり、最も賢い哺乳動物から最も支配的な種へと変貌する道を切り開」(同60頁) いていった。今から8千年前から4千年前くらいに、人類が農耕牧畜をするようになると、ホモ・サピエンスは「生産者」になり、かつ「最も支配的な種」になったのである。その後、私たちの祖先は、自然を収奪する生産者の道をひたすら突き進んだのである。

そのことを踏まえて、スーズマンは以下のように述べている。

人類史の大半が狩猟採集生活だとしたら、私たちだれもが狩猟採集民にある何かをまだ備えているのではないだろうか? (同74頁)

長らく狩猟採集だけに頼って生きてきた人類は、ことによると、いまだに「狩猟採集民にある何か」を自らの内に抱えているのかもしれない。それは、地球上に今日生きている狩猟採集民とともにしばらく暮らしてみると、現代人の中にうずき始める何か、であると言い換えてもいい。

本書の二人の著者である伊藤雄馬さんと私はともに、東南アジアの大陸部と島嶼部の狩猟採集民とともに暮らしてみて、私たちの中に「狩猟採集民にある何かをまだ備えている」ことをじわじわと感じるようになった、現代人である。伊藤さんがともに暮らしたムラブリも、私がともに暮らしたプナンも同様に、周囲の森に調和して、持続可能な暮らしを続けてきた。そして、私たち二人の中深くに潜んでいた、いや眠っていた「狩猟採集民である何か」が引っ張り出されたのである。

「について（of）」の人類学

私たち二人はまた、森の民である東南アジアの狩猟採集民と暮らしてみて、同じように、彼らのやり方や考え方には特有の理《ことわり》があり、それらを知れば知るほど「味わい」があることにも気付くようになった。最初に、二人の意見が一致したのは、フィールド言語学や人類学がこれまでやって来たように、現地の人たち「について（of）」書き、それを既存の「学問」という閉じた領域の中に投げ入れるだけでは、私たちが感じた「狩猟採集民である何か」が呼び戻されたり、とうてい再現されることなどないということであった。

この論点を、人類学者ティム・インゴルドの著作に沿って深めることができるだろう（『人類学とは何か』奥野克巳・宮崎幸子訳、亜紀書房、2020）。インゴルドは、『人類学とは何か』の中で、現地の人たちに「ついて」書くためだけにフィールドで出かける人類学者の振る舞いが間違っていることを鋭く指摘している。

第一に、現地の人たち「について」取り出されたデータが、フィールドで実際に起きていることからかけ離れてしまう問題がある。人類学者はこれまで、フィールドに「量的データ」ではなく、「参与観察」により、「質的データ」を収集しに行くものだとされてきた。しかしあらゆる現象の「質」は本質的には、それが現前することの真っ只中にしかないのだとすると、人類学者は、「質」を「データ」に変換していることになる。そしてその瞬間、現象はその母胎から切り離されてしまうのだ。

第二に、現地の人たち「について」書くことによって、現地の人たちのことが理解できるというよりも、むしろ私たちの知っている現実が侵されないままだという問題がある。現地の人々によって感じられ経験されている世界は、当たり前のことであるが、彼らにとっては全面的に現実である。この現実を人類学者がどう語るのかというと、人類学は、それは、観念や信仰や価値から組み立てられる文化的構築物であると宣言する。だとすれば、人類学者がやっていることは、現地の人たちが何を言おうが何をしようが、私たちが知っている現実自体は侵されないままであると納得するためだということになってしまう。

ほとんどの人類学者は、「質的データ」を集めて書き上げられた「民族誌」を積み重ねることによって生み出される人類学を肯定的に評価する。しかしインゴルドは、他者の生に関して書くこうしたやり方を、人々「について」の研究になっていると述べて、とても否定的に捉えている。伊藤さんと私が共鳴するのは、インゴルドのこの視点である。

狩猟採集民「について」何かを書いても、私たちの中にうずいた「狩猟採集民的な何か」はけっして呼び覚まされることなどない。私たち自身の中に呼び覚まされない以上、「狩猟採集民的な何か」は、読者に生き生きと伝わるはずはあるまい。

「ともに（with）」の人類学のほうへ

現地の人たち「について」書くことには、現象が母胎から切り離されてしまったり、私たちの知っている現実を侵されないままにしておいたりするという、二重の問題が横たわっていた。そこから脱して、「狩猟採集民的な何か」を私たち自らの内に滲み出させた上で、呼び起こすためには、書くことだけを目的とするのではない何かを探索すべきなのではないか。

この点に関してもまたインゴルドは、私たちに導きの糸を垂らしてくれている。インゴルドは、人類学とは、「参与観察」することによって、現象が現前する只中で現れる現象の「質」そのものに向き合いながら、現地の人々と「ともに（with）」人間の生について学ぶことだと唱えた。インゴルドによれば、参与観察とは、

他者の生を書くことに関するものではなく、生きる方法を見つけるという共通の任務に他者とともに加わることに関するものである。（同19頁）

私たちがフィールドで長らく暮らすことには、そこに住む人たち「について」書くために出かけて行くという見かけがあるにはあることは否めないのだが、実際に、そこでやっているのは、そんなことではないことを、インゴルドは見抜いたのである。現地の人たちの行なう様々な活動に加わってみたり、そこで起こっていることを目の前にしていろいろと考えさせられたりしながら、フィールドワーカーは、人間が生きることを学び、生きる方法を見つけるという人類共通の任務に向かっているのだ。

現地のフィールドで参与観察しながら研究するというのは、何よりもまず、現地の人々「とともに」人間の生について学ぶことに他ならない。私自身は、この「とともに」の部分に、森の民に随伴しながら、生きることについて、死ぬことについて、彼らについて、私たち自身について、私たちの社会について、思索を深めていくという点で、特大の意義があると考えている。

もっと知恵を！

それは、森の民が私たちに、豊かな「知恵」を呼び起こしてくれるからに他ならない。ここでもふたたび、インゴルドが導きの糸となるだろう。インゴルドは、知識と知恵の違いについて述べている。

知識は私たちの心を安定させ、不安を振り払ってくれる。知恵は私たちをぐらつかせ、不安にする。知識は武装し、統御する。知恵は武装解除し、降参する。知識には挑戦があり、知恵には道があるが、知識の挑戦が解を絞り込んでいくその場で、知恵の道は生のプロセスに対して開かれていく。(同115頁)

インゴルドによれば、知識は、固定して説明したり、予測可能なものとしたりするために、モノを概念の中に固定することによって生み出される。知識を身に付けることによって、私たちは、統制力および免疫力を授けられる。

例えば、現代において、通信関連の知識そのものは、モノを概念の中に固定することによって生み出されている。私たちは、ある程度の通信機器の知識がなければ、空港で入国審査のファストトラック(検疫手続)さえも切り抜けられない。ファストトラックは、社会生活をスムーズに進めるための仕組みである。それを通り抜けるための通信関連の知識は力であろう。インゴルドは、現代世界は圧倒的に、このような知識の生産によって成り立っているという。

それに対して、知恵とは、私たちをぐらつかせ、不安にするものだとインゴルドは言う。知識が重んじられる社会に疑いの眼差しを差し挟むのが知恵なのである。

通信機器があり、みなが通信契約をして、通信機器を起動させることを前提として、入国管理が行われている。いったいぜんたい、なぜこんなことになっているのか……疑い出すと不安になるが、それは、ある意味で、私たち現代人がそれほど深く考えずに享受している仕組みや制度に対する私たちの「武装」を解除することにも繋がる。いったん武装を止めて、自らを開いて、物事の根源から世界を問い直すことが、知恵なのである。

インゴルドは、知識なしでやっていくことができるなどと言っているのではない。知識に劣らず知恵もまた必要であると言っているのだ。

知恵とは、経験だけではなく、それに想像力が加わったものである。森の民のやり方や考え方は、私たちをぐらつかせ、不安にするという点において、知恵が充ち満ちている。知識に知恵を調和させていくことが、人類学者の仕事だとインゴルドは主張する。

ムラブリ「として（as）」

私自身は、森の民「とともに」、人間の生を学ぶというのが性に合っているが、伊藤さんは、その「とともに」を超えて、「として（as）」という新たな概念を捻り出したのである。「とともに」と「として」という、私たち二人の違いは、本書の対談の中で明らかになった点でもある。「として」という構えは、真に独創的である。

伊藤さんがどのようにそこにたどり着いたのかに関しては論考に詳しいが、ここでは視点を変えて、ドキュメンタリー映画『森のムラブリ』を伊藤さんと共同制作した映像作家・金子遊さんが語る、伊藤さんの人物像から始めてみたい。

ぼくが2017年2月に出会ったときには、すでに学部時代から十年ほどムラブリ語を研究していた。奥さんと小さなお子さんもいて、オンラインで打ちあわせをするときは、あたたかい家庭の声やにおいがパソコンのモニター越しに伝わってきた。しかし、ちょっと他人に対して臆病にかまえる若手研究者のなかに、ここではないどこかへいきたいというだけでなく、自分の内側に折りたたんである羽根を広げて、いつかその才能を開花させてみたいという静かな野心が眠っていたことには気がつかなかった。(『インディジナス―― 先住民に学ぶ人類学』平凡社、2023:26~7頁)

金子さんによれば、伊藤さんは、「自分の内側に折りたたんである羽根を広げて、いつかその才能を開花させてみたいという静かな野心」を持っていたように見えた。伊藤さんのことを、金子さんが出会う以前から「堅苦しい学究の世界から飛びでようとしていた人なのだと考えることにした」(同27~8頁)という。さらに今後は、「研究やら大学での地位にしがみつく研究者たちと比べたら、彼(女)らが一生見ることができない領域まで歩を進めて、誰も見たことがない景色を見るところまでいくだろう」(同28頁)と大いなる期待とともに予想している。

私自身は、伊藤さんとともにフィールドで寝食を共にしたという経験はないが、金子さんによる伊藤評は、私が感じているものをとてもうまく言い当てているように感じる。今度は、伊藤さん自身の言葉から引いてみよう。

教員になってみてわかったが、経済的には楽になったけれど、時間はなくなったし、研究テーマも結局、限られた時間でこなす作業になっていた。教員になる直前に離婚をして、気が抜けてしまったことも重なった。その結果、大学教員でいることに価値を見いだせなくなっていった。(『ムラブリ　文字も暦も持たない狩猟採集民から言語学者が教わったこと』集英社インターナショナル、２０２３：２２３〜４頁)

なぜ大学教員を辞めてしまったのかに関して、いくつかの理由を伊藤さんは語っているが、私には彼が、ムラブリ語を研究して、「ムラブリの身体性で生きるようになってから、いままではふつうに見過ごしていた物事に、違和感を感じるようになった」(同２３１頁)からというのも大きい理由ではないかと思われる。そこから伊藤さんは、「ムラブリを見習って、衣食住を身ひとつで賄えるようになることを目指そうと考えるようになっていった」(同２３５頁)のである。

「として」現代日本で生きる

伊藤さん自身の総括に耳を傾けてみよう。

ぼくはムラブリを研究することからはじめた。いつしか、ムラブリとともに研究するようになった。そしていま、「ムラブリ」として研究することに挑戦している。（同250頁）

インゴルドふうに言い改めれば、「ムラブリを研究する」のは、ムラブリの言語に「ついて」研究してから、ムラブリ「とともに」学ぶようになり、そしてその先に、ムラブリの土地ではないこの現代日本で、ムラブリ「として」自らの研究に挑み始めたということである。「その実践を支えているのは、これまでのムラブリ語研究で養ったムラブリの身体性」（同250頁）なのだと伊藤さんは述べている。

さて、伊藤さんが「ムラブリ」として生きていくことがどのように可能なのかという問いは、ひいては、現代人が現代日本の状況に即して森の民として生きていくことがどのように可能なのかという、大きな問いに繋がっている。それは、私たち現代日本人が森の民「として」生きることに回帰しようというのではない。伊藤さんの問いは、「狩猟採集民的な何か」が私たち現代人のうちにいったい何をもたらすのかという点に向かっている。

森の民「とともに」、彼らの生や私たちの生について学ぶことができることがいったいどのようなことなのかを考えている一人類学者としての私——伊藤さんによれば私もまた「として」派らしいが——には、「として」をめぐる伊藤さんの試みはとても壮大で、かつ眩しく、輝いて見える。彼が今後、どのように「ムラブリ」であるのかに関しては、時々応援の声を届けながら、見守っていきたいと思っている。

２０２３年７月

2023年7月

著者略歴

奥野克巳（おくの・かつみ）

立教大学異文化コミュニケーション学部教授。

１９６２年、滋賀県生まれ。

著作に『一億年の森の思考法』（２０２２年、教育評論社）、『人類学者Ｋ』（２０２２年、亜紀書房）、『ありがとうもごめんなさいもいらない森の民と暮らして人類学者が考えたこと』（２０２３年、新潮文庫）など多数。訳書にティム・インゴルド著『応答、しつづけよ。』（２０２３年、亜紀書房）。共訳書に、エドゥアルド・コーン著『森は考える――人間的なるものを超えた人類学』（２０１６年、亜紀書房）、レーン・ウィラースレフ著『ソウル・ハンターズ――シベリア・ユカギールのアニミズムの人類学』（２０１８年、亜紀書房）、ティム・インゴルド著『人類学とは何か』（２０２０年、亜紀書房）など。

伊藤雄馬（いとう・ゆうま）

言語学者、横浜市立大学客員研究員。

１９８６年、島根県生まれ。２０１０年、富山大学人文学部卒業。２０１６年、京都大学大学院文学研究科研究指導認定退学。日本学術振興会特別研究員（ＰＤ）、富山国際大学現代社会学部講師、東京外国語大学アジア・アフリカ言語文化研究所共同研究員などを経て、２０２０年より独立研究に入る。学部生時代からタイ・ラオスを中心に言語文化を調査研究している。ムラブリ語が母語の次に得意。

２０２２年公開のドキュメンタリー映画『森のムラブリ』（監督：金子遊）に出演し、現地コーディネーター、字幕翻訳を担当。

著作に『ムラブリ　文字も暦も持たない狩猟採集民から言語学者が教わったこと』（２０２３年、集英社インターナショナル）がある。

人類学者と言語学者が森に入って考えたこと

2023 年 8 月 4 日　初版第 1 刷発行
2023 年 9 月 30 日　初版第 2 刷発行

著者　奥野克巳
　　　伊藤雄馬
発行者　阿部黄瀬
発行所　株式会社 教育評論社
〒 103-0027
東京都中央区日本橋 3-9-1 日本橋三丁目スクエア
Tel. 03-3241-3485
Fax. 03-3241-3486
https://www.kyohyo.co.jp
印刷製本　株式会社 シナノパブリッシングプレス

定価はカバーに表示してあります。
落丁本・乱丁本はお取り替え致します。

ISBN 978-4-86624-084-8